Klaus-Dieter Block

Ach du liebe Schweiz

Klaus-Dieter Block

Ach du liebe Schweiz

Unterhaltsame Entdeckungen
in einem sonderbaren Land

steffen verlag

Inhalt

Zu diesem Band

Bevor ich erkläre, was das vorliegende Buch ist, will ich schreiben, was es nicht ist. Es ist kein Reiseführer und auch keine Gebrauchsanweisung für die Schweiz. Es ist schließlich auch kein Versuch, dem deutschen Leser wiederholt zu erklären, wie die Schweizerinnen und Schweizer sind. Natürlich ist von allem ein bisschen dabei.

Aber in erster Linie handeln die zwei Dutzend Kapitel von einem Hausbesuch. Nicht bei einem kränkelndem Patienten, sondern in einer blühenden Hausgemeinschaft.

Ich kenne das attraktive Schweizer Haus seit 1990, die Fassade, den Garten, in dem sich auch die Alpen befinden, den Flur oder das eine oder andere repräsentative Zimmer, wie wunderbare Museen und Theater, die dem Publikumsverkehr offenstehen.

Die Idee und der Vorschlag des Verlages lautete im Herbst 2012: »Klopf doch mal an die eine oder andere Tür, und guck mal, was sich dahinter verbirgt.«

Das habe ich getan. An Türen mit Namensschildern, die weltweit bekannt sind, wie z. B. »Ricola« oder »Neue Zürcher Zeitung«, aber auch in vermeintlich »letzten Ecken« des Hauses mit den Schildern Bergell und Unterengadin, wo man auch rufen könnte: »Ist jemand zu Hause?«.

Im Schweizer Haus gibt es nicht nur außerordentlich viele Superlative, sondern es wird in der großen weiten Welt auch mit unzähligen Klischees verbunden. Ein Klischee ist, wenn jemand das Türschild sieht und auf Deutsch, Japanisch, Englisch, Russisch oder Chinesisch denkt: »Aha, ich weiß schon …«

Na, das wollen wir erst mal sehen, ob wirklich drin ist, was dransteht.

Natürlich kann man heute nicht, wie früher der »Zigermandli«, von Tür zu Tür ziehen, einfach anklopfen und Schabziger anbieten.

Das Anklopfen geht heute per Mail, die dann mit der Bitte zurückkommt: »Schreib doch mal auf, was du eigentlich willst.« Und so ging die eine oder andere Mail hin und her, und die eine oder andere Uhrenhersteller- oder Bankentür blieb zu. Obwohl ich geschrieben habe: »Nein, ich will nicht in den dunklen Keller. Und auch nicht auf den Boden. Ich habe eine Stauballergie.«

Aber die geschlossenen Türen blieben die Ausnahme. Mehr als zwanzig Türen haben sich geöffnet, ohne dass sofort die Skepsis aus den Gesichtern der mich empfangenden Damen und Herren verschwunden wäre. Da war es günstig, ein virtuelles Empfehlungsschreiben hochzuhalten: »Nein, der Herr Block ist kein Schabziger- oder Staubsaugervertreter. Er kommt auch nicht von deutschen Steuerfahndungsbehörden oder aus dem Rechtsanwaltsbüro, das den berühmtesten deutschen Fußballmanager vertritt.«

Und so wurden es anregende und offene Gespräche, die sozusagen die Schlüssel für spannende Einblicke und Entdeckungen jenseits der Wohnungs- und auch hinter der einen oder anderen Schranktür waren. Vielen Dank dafür.

Das Haus der Schweiz ist sonderbar. Sonderbar ist eine Mischung aus »wunderbar« und »Sonderling« oder so. Das Wunderbare liegt auf der Hand und ist oft auf den ersten Alpenblick zu erkennen. Die Rolle als Sonderling in der Völkerfamilie ist kein modisches Rollenspiel, die hat sich die Schweiz über Jahrhunderte hart erarbeitet. Inklusive einiger »Macken«, die ein richtiger Sonderling haben muss.

Im Unterschied zu vielen anderen europäischen Häusern steht das Schweizer Haus seit Jahrhunderten kriegsfrei unzerstört da, wird gepflegt und gehegt und nicht nach dem letzten modischen Schrei umgebaut. Die Hausbewohner gehen direkt-demokratisch miteinander um. Jeder Vierte hat ausländische Wurzeln, was in der äußersten rechten Hausecke nicht allen gefällt.

Es steht nicht in der Gemeinde der EU, und der Euro ist nicht das offizielle Zahlungsmittel. Und obwohl die Schweizer ob ihres außerordentlichen Reichtums ihre Zimmer mit Schweizer Franken tapezieren könnten, tun sie es nicht. Das ist nicht ihre Art. Einfach sonderbar.

Viele Entdeckungen könnte man mit »Ach du liebe Schweiz« überschreiben. Das klingt ein bisschen wie »Ach du meine Güte« und wird dann gesagt, wenn der Papa vergessen hat, den Lottoschein abzugeben. Hat er aber nicht.

Allgegenwärtig – das Schweizer Kreuz

Die abgewandelte Formel erschließt sich noch einmal zugespitzt am Ende des Buches, wenn es um das Selbstbild und Selbstbewusstsein der Schweizer geht.

Ich habe in dem Schweizer Haus an vier Türen geklopft, wo Menschen wohnen, an die ich vorher keine Mail schicken musste. Ich kenne sie gut und lange als vielseitig interessierte, kritische und selbstkritische Mitbewohner des Hauses, die mir auch Dinge erzählen, die man bei einem normalen Hausbesuch nicht so schnell entdeckt.

Herzlichen Dank an die Kolleginnen und Kollegen von Schweiz Tourismus (myswitzerland.com), an meine eidgenössischen Gesprächspartnerinnen und -partner, an den Steffen Verlag und nicht zuletzt an Anke Luckmann.

■ PS: Nach sechs, sieben Jahren

Es ist eine verlegerische Grundsatzentscheidung, was mit einem vergriffenen Buch passieren soll: Gibt es eine weitgehend unveränderte Neuauflage, eine überarbeitete Auflage des »alten Textes«, wobei de facto etwas Neues entsteht, oder werden die Texte durch ein Postskriptum ergänzt?

Verlag und Autor haben sich für diese PS-Variante entschieden. Sie hat den Vorteil, dass die ursprüngliche Erzählstruktur aus den Jahren 2012 und 2013 nicht durch Aktualisierungen »gestört« wird und die Texte als Zeitdokumente erhalten bleiben.

Ein Postskriptum sechs oder sieben Jahre nach den Recherchen für die ursprüngliche Auflage hat viele Reize, so ist beispielsweise eine Beschreibung der aktuellen Situation möglich. Durch die Betrachtung der Themen über einen längeren Zeitraum werden Tendenzen, Entwicklungen, Kontinuitäten und Brüche sichtbar, wodurch das eine oder andere Klischee über die Schweiz entzaubert wird. Das ist z.B. beim Thema »Langsamkeit« recht einfach, kann aber bei anderen Fragen wie der, wie unsere Nachbarn auf Herausforderungen unserer komplizierten Zeit reagieren, genauso gut widersprüchlich und komplex sein.

In der erweiterten Auflage wird von Entwicklungen und Erscheinungen zwischen Ende 2013 und Anfang 2020 erzählt, von den Anstrengungen, auch Defizite und Rückschläge zu kompensieren. Am Schluss der Recherchen, die noch einmal im Frühjahr 2019 starteten, guckt das Coronavirus bereits um die Ecke und reduziert, z.B. im Tourismus, vieles wieder auf null. Wie das passiert, ist nicht Gegenstand dieses Buches, sondern könnte einer dritten Nachbetrachtung zu dem Buch von 2014 bzw. 2020 vorbehalten sein. Sicher ist schon jetzt, dass in der Alpenrepublik die Losung allgegenwärtig ist: »Das muss man durchstehen …« Auch wenn dabei ab und an mal der Stoßseufzer zu hören ist: »Ach du liebe Schweiz!«

April 2021

Wie ich vielleicht fast ein Schweizer geworden wäre …

Oder: Wie schmeckt und riecht die Schweiz?

»So muss die Schweiz schmecken«, war meine erste bewusste sinnliche Wahrnehmung des Alpenlandes. Es handelte sich bei uns zu Hause um ein Sonntagsessen. Pelmeni, russische Teigtaschen mit Schinkenwürfeln, Butter … und hartem geriebenen Grünkäse, der mit ordentlichem Namen »Schabziger« heißt. Aber das wusste ich als Halbwüchsiger noch nicht. Mit dem Käse hat uns Tante Erika aus Thalwil am Zürichsee versorgt.

Die russischen Pelmeni bereiteten meine Großmutter Emmy und meine Mutter Ursula mit großem Aufwand zu. Nudelteig ausrollen, mit einer Kaffeetasse ausstechen, mit gewürztem Gehacktem füllen und danach das Ganze halbmondförmig zusammendrücken. Insgesamt rund hundertmal, und wenn Besuch kam, gern noch einmal so viel.

Emmy wurde im ersten Jahr des 20. Jahrhunderts geboren und gehörte in den 1920er- und 1930er-Jahren zu den vermeintlich etwas gehobeneren Kreisen in Riga, der Hauptstadt des bürgerlichen Lettlands. Schließlich war Richard, ihr Mann, Zollbeamter am Hafen.

Sie hat auch im ungeliebten Mitteldeutschland, weit weg vom Meer (sie konnte allerdings nicht schwimmen), lange ihr Outfit und ihren Stil beibehalten. Zum Beispiel trug sie Hut und Handschuhe (auch im Sommer) und hatte sehr lange, gepflegte Fingernägel. Die waren hervorragend geeignet, die Pelmeni in einer hohen Geschwindigkeit zuzudrücken. Nicht einfach so, sondern mit einem schönen Zopfrand.

Wenn in den 1960er-Jahren schon tiefgefrorene Pelmeni im Angebot des Konsums oder der HO (Handelsorganisation der DDR) gewesen wären, die beiden Frauen hätten sie verschmäht, auch wenn der Zeitaufwand nur ein Zehntel der Handprozedur betragen hätte.

Die Vorbereitungen, übrigens auch anderer russischer und baltischer Gerichte wie Piroggen oder Pasteten, waren wunderbare Gelegenheiten, sich ausgiebig zu erinnern und zu erzählen. Bei etwas delikateren Themen wechselten die Frauen ins Lettische, vielleicht auch, um meinen Vater etwas zu ärgern und um die hellhörige Neugier meiner Jungsohren nicht zu bedienen.

Natürlich ging es um die verlorene kalte Heimat, um Richard, genannt Rico, meinen Großvater, den ich nicht hatte kennenlernen können. Der Mann von Emmy und Vater von Ursula hatte sich als Dolmetscher freiwillig gemeldet und war als Unteroffizier der Wehrmacht mit Mitte vierzig in Frankreich gefallen.

Emmy und Rico stammten aus kinderreichen Häusern. Emmy war das zehnte und jüngste Kind, Rico mit sechs Geschwistern im Baltikum aufgewachsen.

Beide großen Kriege haben die Geschwister und Schwager über ganz Europa und darüber hinaus verstreut. Nur ein Bruder von Emmy, Karolus, ist nach dem Krieg im sowjetischen Lettland geblieben.

Tante Erika vom Zürichsee

Erika, eine Schwester von Emmy, hat es bereits Mitte der 1930er-Jahre in die Schweiz verschlagen, und zwar nach einem damals nicht ungewöhnlichen Versuch Schweizer Junggesellen, eine Frau aus dem Baltikum zu finden. Onkel Kobi aus Thalwil am Zürichsee und Erika wurden ein Paar; die Ehe war allerdings, so hatte ich den Pelmeni-Gesprächen entnommen, wohl nicht so glücklich. Im Sommer 1939 haben Emmy und Ursula, sie war fast fünfzehn Jahre alt, Tante Erika in der Schweiz besucht. Rico hat beide überrascht, als er eines Tages vor der Tür stand und mit seiner Familie einige gemeinsame Tage am Zürichsee verbringen konnte.

Am 31. August 1939, also am Vorabend des Ausbruchs des Zweiten Weltkrieges, waren sie wieder in Riga. Mutter und Tochter haben nicht nur bei den Pelmeni-Vorbereitungen oft darüber gesprochen, was gewesen wäre, wenn sie als Familie in der Schweiz geblieben wären. Egal wie schwierig oder unmöglich das gewesen wäre. Ja, wenn ...

Bereits am 24. August 1939 wurden durch den sogenannten deutsch sowjetischen Nichtangriffspakt der beiden Außenminister Molotow und Ribbentrop die unheilvollen Weichen für die Zukunft gestellt. Lettland fiel in den Machtbereich der Sowjetunion.

»Heim ins Reich« hieß es für die Baltendeutschen, für die das Baltikum seit dem 13. Jahrhundert zur Heimat geworden war.

Mit nichts als einer Holzkiste pro Familie – meine Großmutter war stolz, dass sie immer die Fotoalben »gerettet« hatte – und den Kleidern auf dem Leib, schifften sich Rico, Emmy und Ursula mit Hunderten Familien am 23. November 1939 auf der »Gneisenau« ein. Und landeten in Stettin. Hier gab es einen Hafen, eine Zollbehörde und eine Wohnung. Es war ein unbehaglicher Einzug.

1943, mit achtzehn Jahren, wurde Ursula dienstverpflichtet und kam auf den Fliegerhorst nach Köthen in Anhalt. Hier erreichten sie 1944 zwei Nachrichten. Anfang Januar kam ein Telegramm von ihrer Mutter aus Stettin: »Ausgebombt. Alles verloren. Aber Fotoalben und Briefmarken gerettet!«

Die zweite Nachricht war ein schwarz geränderter Brief: »Richard Gutmann ist den Heldentod für Führer, Volk und Vaterland gestorben.« Er war am 31. August 1944 – also genau fünf Jahre nach Emmys und Ursulas Rückkehr aus der Schweiz – seinen schweren Verletzungen erlegen. Das »Eiserne Kreuz 2. Klasse«, das Rico postum verliehen wurde, kam Ende September 1944.

Die dreiundvierzigjährige Kriegerwitwe Emmy zog auf den Fliegerhorst in das von Anfang an ungeliebte Köthen. Hier erlebten Mutter und Tochter den »Zusammenbruch«, die Besetzung bis zum Sommer 1945 durch die Amerikaner und danach durch die Rote Armee.

Emmy hatte den Vorteil, dass sie Russisch sprach. Sie betrieb in einer kleinen Wohnung eine provisorische Schneiderei, die auch von Frauen der sowjetischen Offiziere frequentiert wurde.

Wahrscheinlich war das 1946 auch für sie und Ursula eine Ermutigung, an die sowjetische Militäradministration den Antrag zu stellen, zu Schwester Erika in die Schweiz fahren zu dürfen. Dem Gesuch wurde von Schweizer Seite auch stattgegeben, doch die sowjetischen Behörden lehnten schließlich ab. Aber es hätte ja andere Möglichkeiten gegeben, in die Schweiz zu gelangen und dort zunächst bei Tante Erika unterzukommen, so, wie sie es ursprünglich vorgehabt hatten.

Die zweite, zumindest theoretische Chance für mich, ein Schweizer zu werden, war vertan ...

Und so lernte Ursula meinen Vater Kurt kennen, und ich wurde als einer der ersten DDR-Bürger geboren. Dreiundvierzig Tage nach ihrer Gründung erblickte ich das Licht der Welt. In Köthen/Anhalt, einem Ackerbaustädtchen unweit von Halle an der Saale, der späteren Bezirkshauptstadt.

»Kuh-Köthen« sagen die Hallenser, Leipziger oder Dessauer. Und die meisten Spötter wissen natürlich nicht, warum das schöne Städtchen »Kuh-Köthen« genannt wird.

Und der Gegenschlag der Köthener, getarnt als Antwort, lautete und lautet bis heute: »Weil die Ochsen nach Halle weitergetrieben wurden ...«

»Wer einmal in Köthen war, fühlt sich überall wohl«, war eine selbstironische Äußerung, die mein Vater gern anbrachte, wenn wir unterwegs waren und nach unserer Herkunft gefragt wurden. Das stimmt so nicht ... aber tatsächlich gibt es ringsherum wenig Wald, alles ist tellerflach, und die nächste höhere Erhebung ist der Petersberg mit zweihundertfünfzig Metern über dem Meeresspiegel.

Die ferne Schweiz

Meine Schweizer Beziehungen beschränkten sich fortan auf den Grünkäse, auf Ansichtskarten, Abzeichen und Briefmarken, die Erika ihrem Großneffen, also mir, schickte.

Die Ansichtskarten vom Matterhorn oder vom Eiger sahen nicht nur glänzend aus, sondern sie rochen auch sehr gut. Roch so die Schweiz?

Das Matterhorn – der wohl meistfotografierte Berg der Welt

Bis zum Herbst 1989 wurden die Frage, wie die Schweiz wohl schmeckte, roch und aussah, in den Hintergrund gedrängt. Auf den Westen, auf die Bundesrepublik Deutschland, die andere deutsche Republik, die im September 1949 gegründet wurde, war der Fokus der Ostdeutschen gerichtet. Im Vergleich, im Gegensatz, in der Sehnsucht, in der Auseinandersetzung.

Dennoch gab es punktuelle Wahrnehmungen der weit entfernten und mitunter exotischen Schweiz. »Wilhelm Tell« von Friedrich Schiller war ebenso Schulstoff wie Gottfried Kellers »Romeo und Julia auf dem Dorfe«. Der Pädagoge Pestalozzi war an Hochschulen und Schulen der DDR allgegenwärtig.

Der Ostberliner Verlag »Volk und Welt« verlegte Schweizer Autoren und gab mehrere Erzählbände heraus mit Texten von Friedrich Dürrenmatt, Max Frisch, Adolf Muschg und weiteren drei bis vier Dutzend weniger bekannten Schriftstellern.

In Dessau, unweit von Köthen, wurde 1976 das Bauhaus aus Anlass seines fünfzigjährigen Bestehens in der ehemaligen anhaltinischen Residenzstadt nach erfolgter Rekonstruktion feierlich eröffnet. An der weltberühmten Kunstschule wirkten auch Schweizer wie Paul Klee oder Hannes Meyer, der zweite Direktor nach dem Gründer Walter Gropius, der später in die junge Sowjetunion ging.

In der Reihe »Exil« brachte der »Aufbau Verlag« auch den Band »Exil in der Schweiz« heraus, u. a. mit Bezug auf das Schauspielhaus in Zürich, das in der Zeit des Nationalsozialismus Heimstatt für zahlreiche Emigranten war. Deutsche Schauspieler und Regisseure wie Therese Giehse, Wolfgang Langhoff oder Erika Mann setzten hier hervorragende Akzente.

Also unter dem Strich gar nicht so wenig Schweiz, was natürlich auch mit der Deutschsprachigkeit zusammenhing. Aber an einen Besuch des Alpenlandes war bis zum November 1989 nicht zu denken.

Die Wende im Herbst 1989 brachte auch Bewegung in meine Beziehungen zur Schweiz, zunächst via Westberlin. Die erste Reise ging am 18. November 1989 mit unserem gletscherblauen Trabant nach Berlin-Tegel. Auf der Suche nach einer günstigen Flasche trockenen Rotweins bin ich bei EDEKA auf Grünkäse gestoßen. Der bekannte Kegel war damals noch in Silberpapier verpackt.

Nach unserer ersten »Westreise« habe ich am Abend zu Hause Nudelteig vorbereitet, ihn ausgerollt, ausgestochen … Es gab Pelmeni mit einem nicht ganz so schönen Zopfrand wie früher, aber mit Grünkäse, vielen Erinnerungen – sowie mit Entdeckungs- und Reiseplänen!

Eine zufällige Begegnung und die Entdeckung der Schweiz

Die Situation im Frühjahr 1990, also unmittelbar nach den Volkskammerwahlen, bei denen die CDU und ihre Partner als Sieger hervorgingen und die Bürgerrechtler, die die Wende wesentlich initiiert hatten, schlecht abschnitten, war für die meisten DDR-Bürger unübersichtlich und unsicher.

Was wird? Was kommt?

Die ersten Reisen in den Westen dienten nicht nur der Befriedigung der Neugier, sondern auch der beruflichen und existenziellen Orientierung. Mit wem könnte man etwas gemeinsam machen? Wie läuft das im Westen?

Kurz vor der Währungsunion am 1. Juli 1990 fand in Neubrandenburg an der neu gebauten und am 4. Oktober 1989 offiziell eröffneten Pädagogischen Hochschule eine Konferenz statt.

Im Vorfeld ging es um die Werbung von Interessenten und Teilnehmern. Unter dem Aspekt der Sondierung der Lage seitens der Ostdeutschen und der Befriedigung einer ersten Neugier der Teilnehmer aus dem Westen fand auch der letzte »Soziologiekongress« der DDR statt. In der Diskussion sprach unter anderem ein Schweizer Soziologe mit halblangem, silbergrauem Haar. Ich fragte den Mittvierziger, ob er nicht Lust habe, auf unserer Konferenz im Mecklenburgischen zu sprechen. Und Isidor W. aus Basel sagte sofort zu.

Ob er nicht auch schon eher mal kommen könne, er sei so neugierig.

Klar, kein Problem, und so holte ich ihn Anfang Mai 1990 mit meinem gletscherblauen Trabant vom Flughafen Tegel ab.

Nach zwölf Jahren Wartezeit hatte ich den Zweitakter im Juni 1989 für 12.785 Mark (Ostmark) gekauft und ihn nach der Währungsunion im Herbst 1990 für 1.000 DM (Westmark) verkauft.

War die gletscherblaue Farbe ein Zeichen für die Schweiz, die Alpen? Wohl kaum. Die Farben der Autos aus Zwickau bezogen sich auf Gegenden, wo DDR-Bürger in der Regel nicht hinkamen: Gletscherblau, Saharagelb, Papyrusgrün, Bananengelb, Champagnerbeige(!), Caprigrün, Panamagrün … Nun gut, Taigagrün gab es 1976 auch. Aber wer wollte schon mit dem Trabi in die Taiga?

War das ein Scherz eines oppositionellen Farbdesigners in der Farbgebungszentrale in Zwickau? Oder ein Versuch, die Internationalität der DDR unter Beweis zu stellen, wie bei »Goldbroiler«, die im Westen nur einfach und profan »Backhähnchen« hießen?

Kurz vor dem glücklichen Verkauf meines Gletscherblauen, habe ich Isidor im frühen Herbst noch einmal aus Berlin abgeholt und ihn nördlich von Oranienburg gefragt, ob wir mal nach Pilzen gucken wollen. Ja! Es gab eine reiche Ernte, und ich bekam erstmals eine Ahnung davon, dass die Freiheit in den Schweizer Wäldern auch nicht grenzenlos ist: Höchstens drei Kilo pro Sammler und nur an geraden Tagen, sagte Isidor, sei das Pilze sammeln erlaubt. »Sonst gibt's bald keine mehr.« Logisch.

In der Küche unserer im Sommer 1989 bezogenen Plattenbauwohnung haben wir gemeinsam Pilze geputzt, gebraten und gegessen. Es war fast wie bei der Pelmeni-Zubereitung. Auch, weil es zwischendurch mal einen richtigen Wodka gab. Wie früher …

Bei seinem ersten Besuch hat Isidor gefragt, ob er nicht noch jemanden mitbringen könne. Auch einen Soziologen, den Rektor der Höheren Fachschule für soziale Arbeit in Basel, Franz H.. Und ich solle doch, so rasch es gehe, mal in die Schweiz, nach Basel, kommen, um dort über die DDR, ihr Ende und mögliche Neuanfänge zu sprechen.

In Basel habe ich dann tatsächlich diesen Vortrag gehalten. Die vor allem links eingestellten Zuhörer haben viele Fragen gestellt, und es war auch viel Verwunderung darüber dabei, wie das alles so plötzlich gekommen war. Ich habe unter anderem die Geschichte von meinem gletscherblauen Trabant erzählt und gefragt, wie das mit der direkten Demokratie in der Schweiz funktioniere.

Abends haben wir in Franz' Wohnung bei gutem Essen, trockenem Rotwein und gegenseitiger Sympathie weiterdiskutiert.

Alle haben versucht, Hochdeutsch zu sprechen, auch wenn das Schwyzerdütsch immer wieder durchkam. »Kommt nach Mecklenburg!«, »Komm mit deiner Familie in die Alpen!« Einladung, Gegeneinladung.

Eine wunderbare Stimmung. Ein Aufbruch – und nicht nur, was das Reisen anbelangte.

Mit dabei war Catherine, die, obwohl wir uns nur wenige Stunden kannten, sagte: »Fahrt in unser Chalet in Sörenberg.« Das haben wir dann auch getan. Die Schweizer Entdeckungsspur war gelegt, und in den über zwanzig Jahren sind seitdem neue Freunde und Bekannte hinzugekommen, die mir bis heute ganz wesentlich dabei helfen, dieses sonderbare Land zu entdecken.

»So ein Käse ...!«

Die Marke »Glarner Schabziger« ist fünfhundertfünfzig Jahre alt

Gute Werbung ist wie ein origineller Witz. Kein plattes Aufdrängen eines Versprechens, sondern der Adressat muss selbst die Brücke schlagen. Der Funke muss in seinem Kopf von einer Hirnecke in die andere springen. Und es muss etwas erzählt werden, was bisher so noch nicht da war. Was gar nicht geht: »Den hab ich jetzt nicht verstanden. Kannst du noch mal?«

Wer zufällig oder zielbewusst nach Glarus, in die kleinste Kantonshauptstadt der Schweiz, kommt und irgendwie in dem Allerwelts-Gewerbegebiet landet, stößt plötzlich auf ein übergroßes Plakat mit einem Foto.

Ein altes Paar – über siebzig, über achtzig? – sitzt auf einer Alm und gibt sich einen innigen Kuss.

Nein, das ist kein demographisches Aufrüttelsignal, sondern das Plakat wirbt für Schabziger, einen kleinen Käse in Form eines Kegelstumpfes, der bescheiden am unteren Bildrand platziert ist.

Schabziger hält die Liebe frisch.

Hier in der »GESKA AG Glarner Schabziger« wird der »Stöckli« produziert. Seit dem Jahre 2000 nur hier. GESKA steht für »Gesellschaft Schweizerischer Kräuterkäsefabrikanten«.

Eine Assoziation, die durch das Foto erzeugt wird, könnte lauten: »Wer Schabziger isst, wird alt, die Liebe bleibt jung.« Oder es geht auch melodramatisch, zumal es nach einer frischen Liebe aussieht: Die Scheidungsrate in der Schweiz liegt bei über fünfzig Prozent. Also: »Man findet auch im fortgeschrittenen Alter eine Neue oder einen neuen Alten.«

Wir entscheiden uns für die erste Variante. Und so passt auch ein Zweizeiler, der 2004 in einem Wettbewerb der GESKA AG kreiert wurde:

»Glarner Schabziger, de isch geil und erscht na guät fürs Seeleheil!«

Der sagenhafte Käse ist vermutlich die älteste Marke der Welt

Das Sagenhafte betrifft zunächst nicht den Geschmack, darauf kommen wir noch, sondern die Geschichte und die Legenden, die sich um den Schabziger ranken, der wegen seiner Farbe auch Grünkäse genannt wird.

Den Käse aus Kuh- und nicht aus Ziegenmilch(!) gibt es nachweislich seit mehr als tausend Jahren, 1310 wurde er erstmals schriftlich erwähnt. Seine Urgeschichte hängt mit Stiftsdamen des Klosters Säckingen zusammen, die den an sie abgeführten Zehnt in Form des weißen, aus gesäuerter Magermilch produzierten Käse mit dem Blauen Bockshornklee (Trigonella melilotus caerulea) mischten – der Grund für die grüne Farbe und den originell-würzigen Geschmack.

Das mit dem Zehnt an die Stiftsdamen hatte sich spätestens 1395 erledigt, als in Zürich der Loskaufvertrag vom Kloster Säckingen besiegelt wurde.

Und so war der Weg frei für einen prosperierenden Handel mit dem Stöckli bis nach Norddeutschland und Holland sowie in den Süden über die Alpen.

Es dauerte noch einmal mehr als ein halbes Jahrhundert, bis die pfiffigen Glarner zu dem Entschluss kamen, den Käse als Marke zu schützen. Damals gab es noch kein Patentamt, wohl aber einen Stempel. Und so hieß die Anweisung: Ein jeder habe »sin gewondlich zeichen in die rinden brennen, ee das er sind ziger von handen geb.«

Neben dem äußeren Zeichen ist der Kern einer Marke die Substanz, die Qualität. Und so wurde am 24. April 1463 bei der Annahme eines Gesetzes in der Landsgemeinde die Verpflichtung formuliert, dass die Zigerhersteller unter Androhung einer Strafe den »ziger sauber und gut machen, wohl stampfen, salzen und einschlagen«.

Damit ist der »Glarner Schabziger« die älteste Marke der Schweiz und wohl auch der Welt. fünfhundertfünfzig Jahre alt!

Die Fixierung der Marke war eine weitsichtige Entscheidung, denn ein halbes Jahrtausend später ist die globale Markenpiraterie ein großes Problem im Welthandel. Rund zehn Prozent sind Kopien und Fälschungen, ein jährlicher Schaden von rund dreihundert Milliarden Euro.

Nun, ganz so viel ist bei unserem Käse nicht zu holen, aber immerhin pro Jahr fünf Millionen Franken, die auch die Gewähr für das tägliche Brot für anderthalb Dutzend Mitarbeiter sind. Nicht zu bezahlen sind das Image der Marke, die Identifikation der Glarner mit dem Stöckli und der Stolz auf »ihr Produkt« – vom Milchbauern über den Geschäftsführer Johannes M. Trümpy bis zum Lehrling.

Keine Marke ohne Mythos! Dem Schabziger wurde und wird gern hoffnungsvoll nachgesagt, dass er dem Haarausfall vorbeugt und die Männlichkeit stärkt …?

Fest steht hingegen, dass der nahezu fett- und cholesterinfreie Käse mit seinen Bestandteilen Kalzium, Magnesium, Zink, Eisen und wertvollem Milcheiweiß auch so guttut. Und er und wir bekommen durch das Zigerkraut noch einen zusätzlichen Gesundheitsschuss. Nachgewiesenermaßen.

Das ist mit einer militär-historischen Legende wohl etwas anders. In der Schlacht bei Näfels sollen die Glarner im April 1388 im Kampf gegen sechshundert Habsburger zu Pferd und fünftausend Mann Fußvolk die steinharten Zigerstöckli als Wurfgeschoss eingesetzt haben, woraufhin die Habsburger flüchteten …

Muss man in der steinreichen Schweiz mit Käse werfen?

Diese Geschichte erinnert dann doch an das »Tapfere Schneiderlein«, das im Wettstreit mit dem Riesen aus einem Stein, der eigentlich ein Käse war, Wasser drückte. Klein, aber oho!

Die Großen, die Kleinen, die Tradition und die Moderne

Womit wir in der Gegenwart angekommen sind. Was ist die richtige Betriebsgröße, um einen traditionellen Käse zu produzieren, eine jahrhundertelange Tradition nachhaltig zu bewahren und sie an die nächste Generation weiterzugeben?

Die Geschichte der Produktion des Schabzigers am Ende des 20. Jahrhunderts und bis 2003 ist ein Beispiel dafür, wie es nicht geht. Beinahe wäre der Hartkäse im Getriebe von vermeintlichen Großkonzerninteressen und aufgrund von schlechtem Management untergegangen – oder passender: zerrieben worden.

Die jüngste Geschichte und die Gegenwart des Stöckli und weiterer Produkte, wie die der Zigerbutter, ist eng mit dem in Glarus geborenen und aufgewachsenen Johannes M. Trümpy verbunden.

Seit 2003 im Verwaltungsrat dabei, wechselt er mit Mitte fünfzig im Jahre 2004 an die Spitze des kleinen Unternehmens, gemeinsam mit seinem Schwager auch als Inhaber. Er verzichtet auf sein gutes Salär als Vorsitzender der Geschäftsleitung der zu »Coop« gehörenden »Import Parfumerie« und kommt damit nicht nur diametral von einem Geruchsfeld zum anderen. Er tritt an, um den »Glarner Schabziger« zu retten.

Johannes M. Trümpy sucht die Balance zwischen Tradition und Moderne.

Dabei geht es um nicht weniger als um die effiziente Balance zwischen Tradition und Moderne. Zu Letzterem gehören der Aufbau eines frischen und modernen Vertriebsnetzes und eine wirkungsvolle Werbestrategie, eindrucksvoll auch im Internet zu begutachten.

Die fünfhundertfünfzig Jahre alte Marke ist dabei ein »Pfund«.

Zur »Moderne« gehört die nachhaltige Sicherung der Tradition. Auch personell. So tritt die Tochter von Johannes M. Trümpy in seine Fußstapfen. Und im Jubiläumsjahr wurde eine Investition vollendet, die Rohziger- und Schabzigerproduktion, Lagersilos, Labor, Abpackerei und Spedition sowie Verwaltung unter einem Dach vereinigt. Nicht nur ein Effizienzgewinn, sondern auch ökologisch hochmodern, von der Wärmerückgewinnung bis zur jährlichen Reduzierung des CO^2-Ausstoßes um hundertfünfundzwanzig Tonnen.

Qualität ist auch heute der Kern der Marke

Trümpy weiß, dass, wie seit Jahrhunderten auch, drin sein muss, was draufsteht. Und beweist das eindrücklich bei einer Führung durch die Produktionsstätte mit seiner Körpersprache und erhöhter Aufmerksamkeit. »Es nützt wenig, wenn wir mit der Marke werben und die Qualität stimmt nicht. Der Käse muss auch einwandfrei produziert werden. Dafür haben wir ein dichtes Kontrollnetz, von der gelieferten Milch von sechshundert Kühen aus vierzig Bauernbetrieben bis zur Verpackung der rund neunzig Tonnen Zigerstöckli.«

Vom Start bis zum Finale braucht es nicht nur mehrere Produktionsstufen, sondern auch mehrere Monate Zeit.

Hier im Schnelldurchgang: Das von der Molke getrennte Milcheiweiß wird in der Schweiz als »Ziger« bezeichnet, aber auch, wie in Deutschland, als Quark.

Auf dem Weg zum Hartkäse gärt der Ziger in modernen Chromstahltanks bis zu sechs Wochen. Danach wird er in einer Mühle zerkleinert und in gekachelten Silos, die mit Holzbrettern geschlossen werden, gelagert. Drei bis acht Monate reift die Rohmasse hier, wird danach wieder zerkleinert und nun endlich mit dem Zigerkleepulver gemischt, um den Zigerteig schließlich in die konische Form zu bringen. Früher per Hand pro Stunde sechzig Stöckli, 1906 mit einer einfachen Maschine fünfhundert und heute rund tausendsechshundert. Fertig ist der »Glarner Schabziger«, auch zum Export, wie in seinen frühen Blütezeiten nach Holland, Deutschland und nach Nordamerika oder Japan.

Was bleibt? Die Geschmäcker sind verschieden, und »was der Bauer nicht kennt, das isst er nicht«. Und so ist vorstellbar, dass sich die Glarner wünschen, dass ihr Stöckli zwar nicht den Siegeszug um die große weite

Das Schabzigerkleepulver gibt dem Käse die grüne Farbe und die Würze.

Welt antritt, aber wohl, dass mehr Konsumenten auf den Geschmack kommen. Und da ist es beim Käse so wie bei origineller Werbung: Nichts platt versprechen, sondern überraschen. Den Geschmack von Käse kann man ohnehin nicht beschreiben, und auch mit dem vorherigen Loben sollte man vorsichtig sein, weil das die Skepsis schürt.

Also Grünkäse einfach mal auf die Butterschnitte oder über die Nudeln reiben, »En Guete« oder »Guten Appetit« wünschen, und wenn alles klappt, rufen die »Stöckli«-Probanden aus: »So ein Käse. Sagenhaft!«

■ PS: Was ist ein nachhaltiger Käse, und wie bleibt er »enkeltauglich«?

Schabziger ist, wie bereits erwähnt, die wohl älteste Marke der Schweiz. Ist es da nicht ein bisschen seltsam, von der Sicherung der Nachhaltigkeit des Grünkäses zu sprechen? Zumal der Begriff »Nachhaltigkeit« in vielen Bereichen einer inflationären Abnutzung unterliegt. »Enkeltauglichkeit« ist sicher origineller. Wichtiger aber ist die Benennung der »Lebens- und Überlebensumstände«. Wie sichern wir, dass wir auch das sechshundertste oder eben auch das sechshundertsechsundsechzigste Jubiläum des besonderen Käses begehen können – und zwar nicht eines Museumsexponats, sondern eines besonderen, in der Region erzeugten Produkts, eines exklusiven Markenzeichens aus Glarus?

Der Hartkäse war noch vor hundert Jahren ein günstiges und beliebtes Würzmittel, wurde aber seitdem durch erweiterte Möglichkeiten der Verfeinerung von Speisen vom Markt gedrängt.

Die Spitzenproduktion lag 1924 bei tausendzweihundert Tonnen im Jahr. Heute wird in Glarus konstant etwa ein Drittel der damaligen Menge produziert.

Früher gab es ein dichtes Vertriebssystem. Der »Zigermann« kam in regelmäßigen Abständen mit seiner »Hucke«. Noch zwanzig Jahre nach dem eben erwähnten Produktionshoch waren in der Schweiz dreißig Anbieter unterwegs.

Heute ist der Spitzenschwinger Matthias Glarner, genannt Mättu, die sympathisch-traditionelle Personifizierung des »Zigermanns«, der an diese besondere Profession erinnert.

Mehr als ein »normaler Käse«

»Es ist ja nur Käse, der noch dazu in überschaubaren Mengen produziert wird«, sagt sicher der eine oder andere Beobachter. Ja, aber mit einem dichten und funktionierenden Netzwerk. Mit dem kleinen Kegel und seinen Geschwistern sind die Kräuterbauern ebenso verbunden wie die Milchbauern. In Glarus selbst sind über ein Dutzend Mitarbeiter beschäftigt, die vor wichtigen Herausforderungen stehen.

So formuliert Hermann Luchsinger, seit 2016 Geschäftsführer in Glarus: »Wir müssen die Milchmenge sichern und steigern!« Ein anderer Selbstanspruch an die Qualität und zugleich eine Werbebotschaft lautet: »Mehr aus Milch.«

Ein wichtiger Grund dafür, dass die Milchmenge erhöht werden soll, ist, dass die Kühe ein wichtiger Faktor bei der Landschaftspflege sind: Ohne die Almwirtschaft würden die Bergwiesen verbuschen. Außerdem kann sich niemand die Schweizer Berge ohne Kühe und ihr Glockengeläut vorstellen.

Hermann Luchsinger

»Wie wird die Enkeltauglichkeit gesichert?«, werden sich auch die beiden küssenden Alten auf dem Foto fragen. Vor einem halben Jahrzehnt waren sie auf einem Plakat an der Produktionshalle platziert, heute schauen sie im neuen Konferenzraum dem Chef und den Mitarbeitern bei den Beratungen zu. 2013 wurden neun Millionen Schweizer Franken in die Produktion und in Verwaltungsräume investiert.

Wichtigste Voraussetzung für die Zukunft des Schabzigers sind eine engagierte Crew und ein Kapitän, der weiß, worauf es ankommt. Der Mittsechziger Hermann Luchsinger, der einen entschlossenen und zugleich lockeren Eindruck macht, kommt eigentlich aus einer ganz anderen Branche. Er war lange Unternehmer in der Automobilbranche und hatte eigene Garagen, in der Schweiz der Begriff für Autowerkstätten. Er ist ein überzeugter Schweizer und vor allem auch ein selbstbewusster Glarner. Als 2009 ein neutraler Präsident für die »Glarner Milch AG« als Zulieferer für die GESKA gesucht wurde, war er am Start. Neben seinem leidenschaftlichen Engagement konnte Luchsinger auch Erfahrung als Betriebswirt und Verkaufsmanager mitbringen.

Die aktuelle strategische Ausrichtung basiert auf drei Linien, die die Botschaft »Mehr aus Milch!« sehr konkret werden lassen. Da sind die Traditions-Linie (z.B. Schabziger Stöckli und Zigerbutter, abgekürzt Zibu), die Gourmet-Linie (z.B. Weiss Stöckli mit Trüffel) und schließlich die Farm-Line (z.B. Gourmet Dip Sauce Güetlihof und Edel Reibkäse mit Kräutern).

Die Notwendigkeit einer intensiveren Vermarktung, aber auch die Freude daran bringt Hermann Luchsinger auf einen kurzen Nenner. »Wir zeigen uns!«, lautet das Motto. Und so fand man ihn zum Beispiel auf der wichtigen Messe »Anuga« (Allgemeine Nahrungs- und Genussmittel-Ausstellung) in Köln und bei dem Wettbewerb »Prix Montana«. Hier ist GESKA im Sommer 2019 unter die letzten sechs von sechsundfünfzig Bewerbern gekommen.

Gewonnen hat zwar ein anderes Unternehmen, aber wir wissen von der Oscar-Verleihung, wie wichtig schon eine Nominierung sein kann.

www.geska.ch

Die Schweiz und die Tücken des Reichtums

Ein starker Franken und die Folgen

»Auf den Spuren des Glücks«, »Über den Wolken des Alltags«, »Grenzenlose Freiheit« oder der »Gipfel der Genüsse« heißen Kapitel einer Broschüre, die für das Wallis in der Schweiz werben. Das klingt nach Paradies, und das ist es wohl auch, was die Landschaft und das touristische Angebot sowohl im Winter als auch in den anderen Jahreszeiten anbelangt. Doch das Paradies ist teuer. Oftmals zu teuer für Touristen aus dem Euroland oder auch aus den USA. Das liegt an dem Wechselkurs zwischen dem Euro und dem Dollar gegenüber dem Franken, der die Kosten für einen Skiurlaub außerordentlich verteuert. Folge ist der Rückgang von ausländischen Gästeübernachtungen in der Wintersaison 2010/2011 von ungefähr sechs Prozent. Ein herber Verlust, dem auch durch die Fixierung einer festen Untergrenze zwischen Euro und Franken von 1:1,20 im September 2011 entgegengewirkt werden soll.

Gibt es Vorteile der Langsamkeit?

Die Einführung der Untergrenze ist eine Reaktion der Schweizer Finanzpolitiker, nachdem die Nachfrage nach dem starken Franken zwischenzeitlich zu einem Verhältnis zwischen Euro und Franken von 1:1 geführt hatte und der jahrelang stabile Kurs von 1:1,65 ins Rutschen gekommen war. Die Kurskorrektur, die insbesondere auch den Export und den Tourismus für Ausländer verbilligen soll (Tourismus wirkt wie Export), mildert das Problem, löst es aber nicht. Eine unverschuldete Tücke des Reichtums?

Selbst ist der Touristiker, und so bietet »Schweiz Tourismus« gemeinsam mit den touristischen Anbietern, auch im Wallis, außerordentlich günstige Konditionen an: zum Beispiel einen Wechselkurs von 1:1,35 oder dreiunddreißig Prozent Ermäßigung auf alle Leistungen rund um den Wintersport.

Nur bedingter Trost für die Schweizer ist die angenehme Kehrseite der Währungsmedaille: Für sie wird das Ausland deutlich attraktiver. Nicht nur für Reisen, sondern auch beim Einkauf in den grenznahen Regionen. Zur Freude der Einzelhändler und Dienstleister auf der deutschen, französischen oder italienischen Seite und zum Verdruss von eidgenössischen Anbietern im grenznahen Raum. Aber auch weitere Wege lohnen sich. In Zürich wirbt auf den blauen Straßenbahnen ein Schild: www.zum-zahnarzt-nach-deutschland.ch. Nicht mit der Straßenbahn, aber in einer knappen Stunde mit dem Pkw oder dem Zug.

»Der Schweizer an sich, raunt der Mythos, ist freiheitsliebend, verschlossen und ein bisschen langsam«, beschrieb einmal die österreichische Zeitung »Die Presse« Klischees über die Eidgenossen. »Zum Glück sind wir langsam«, wird der eine oder andere Schweizer auf Deutsch, Französisch, Italienisch oder Rätoromanisch sagen. Zum Beispiel bei unseren Entscheidungen bzw. Nichtentscheidungen zum EU-Beitritt. In die UNO ist die Schweiz übrigens auch erst 1972 eingetreten, also siebenunddreißig Jahre nach Gründung der Weltorganisation.

Und die Entwicklung scheint ihnen recht zu geben. Die Schweiz ist eine »Insel des Wohlstands«. Manche sprechen sogar von einer »Wohlstandsfestung« in einem instabilen finanzpolitischen Europa, in dem die Rating-Agenturen als neue Scharfrichter über den Kontinent ziehen. Sie definieren das Alphabet neu und versetzen Banker sowie Politiker mit AA, BB oder CC in helle Aufregung.

Durch die globalen Stürme der Finanz- und Schuldenkrise der letzten Jahre ist die Schweiz – obwohl sie natürlich durch tausend Fäden mit der globalisierten Welt vernetzt ist – besser als die meisten der betroffenen Staaten gekommen, auch wenn z. B. die berühmte UBS-Bank finanziell und personell Federn lassen musste und das jahrzehntelang gehütete Bankgeheimnis bröselt. Die Schweiz hat eine stabile volkswirtschaftliche und finanzpolitische Basis, die sich z. B. auch in der niedrigen Arbeitslosenrate von drei Prozent oder in einem überdurchschnittlichen Wohlstandsniveau in der Spitze und im Durchschnitt widerspiegelt.

Hier wohnen prozentual die meisten Milliardäre, und auch bei den Millionären ist die Schweiz Spitzenreiter. Zweieinhalb Prozent der Einwohner sind hier Dollarmillionäre. In der Schweiz ist es also jeder Vierzigste, in Deutschland hingegen jeder Hundertste.

Die »WirtschaftsWoche« vom 8. Dezember 2011 berichtete: »Nach dem alljährlichen Report des Schweizer Magazins ›Bilanz‹ scheinen die Schuldenkrise und damit verbundene Verluste die Reichsten der Reichen kaum berührt zu haben. Laut Schätzungen beträgt das Vermögen der 300 Reichsten in der Schweiz etwa 481 Milliarden Franken und erreicht damit den zweithöchsten Vermögensstand seit 23 Jahren.«

Historische und aktuelle Wohlstandsgründe

Ein Grund für die komfortable Gesamtsituation der Schweiz ist die frühe – nach der Niederlage in der Schlacht von Marignano im Jahre 1515 – Entscheidung für die Neutralität und, nach Unterbrechungen, deren letztlich konsequente Umsetzung seit 1815. Die Schweizer feiern 2015 ein halbes Jahrtausend bzw. zweihundert Jahre Neutralität.

Das waren und sind wunderbar lange Zeitfenster, um Werte zu schaffen, zu sparen, das Ersparte von Generation zu Generation weiterzugeben, ohne die in Deutschland erlebten Währungsturbulenzen in den letzten neunzig Jahren, die oft zum Verlust der Ersparnisse führten. Ganz zu schweigen von den Opfern an Menschen und der Zerstörung von Kultur-

La Chaux-de-Fonds – UNESCO-Welterbe

gütern und Städten durch die großen Kriege in Deutschland und Europa, die die Schweiz zum Glück nicht erlebte. Insofern sind die sorgsam gepflegten Städte »wahre Schatzkästchen«.

Neutralität und Friedfertigkeit lohnen sich also, könnte auch eine aktuelle Botschaft der Schweizer an die immer noch kriegerische Welt sein.

Kein Klischee, wohl aber eine oft erlebte Schweizer Eigenschaft ist die Zurückhaltung der Schweizer gegenüber Dritten. Das heißt aber nicht, dass die Schweizer auf ihren hohen Bergen in den Alpen sitzen und selbstzufrieden auf ihre Nachbarn blicken. Sie wissen: Schadenfreude über die Euromisere ist, wie die Wechselkursgeschichte zeigt, nicht angebracht.

Und sie wissen auch: Es gibt nicht nur die Probleme der Verschuldung und der Krise, sondern auch die Tücken des Reichtums, wie die Flucht in den Franken mit den beschriebenen Folgen zeigt.

Natürlich, das wäre dann doch zu märchenhaft, fahren die Euro-Touristen ebenso wenig in ein Winterparadies, wie die Schweizer sich von früh bis spät wie im Paradies fühlen.

Neben den menschlichen Alltagsfreuden und -sorgen, neben Streit und Versöhnung, Liebe und Trennung gibt es auch hier Tendenzen, die für den modernen Kapitalismus in anderen Ländern typisch sind. So beobachtet der Schweizer Soziologe Franz Hochstrasser kritisch, dass es auch hier eine »Sozialisierung der Lasten« und eine »Privatisierung der Gewinne« gibt. Das Sozialsystem wird brüchiger, z. B. durch die Verkürzung der Bezugsdauer von Arbeitslosenunterstützung. Außerdem ist die Bezahlung von Mann und Frau bei gleicher Arbeit nach wie vor ungleich, der Anteil von weiblichen Berufstätigen und von Frauen in Führungspositionen im internationalen Vergleich unterdurchschnittlich. Sind die Ursachen hierfür im Wohlstand zu suchen?

»Aber«, so Hochstrasser, »massive antikapitalistische Bewegungen oder soziale Unruhen gibt es hier nicht.« Er hat auch eine von zahlreichen Erklärungen für die »Langsamkeit« der Schweizer: Es ist die direkte Demokratie mit langen Wegen und aufwändigen Volksentscheiden. Dass dieses wunderbare demokratische Instrument zu wenig genutzt wird und sich oft zu wenige Menschen daran beteiligen, ärgert ihn. Das gehört wohl auch zu den Tücken des Reichtums, ebenso wie einige andere schweizerische Entwicklungen.

Gefahren für den Wohlstand?

Reichtum zieht an, und so gehört die Schweiz mit rund zweiundzwanzig Prozent Einwohnern mit Migrationshintergrund auch hier zu den Spitzenreitern im internationalen Vergleich.

Das zahlt sich insofern aus, als die Schweiz, auch im Unterschied zu vielen hochentwickelten Ländern, die nächsten Jahre noch nicht mit den demographischen Einbrüchen, wie der Überalterung der Gesellschaft, rechnen muss. Die Geburtenrate der Migrantinnen mit 1,9 Kindern pro Frau gleicht die niedrige Geburtenrate von 1,4 pro Schweizerin noch aus. Aber auch hier gibt es eine Tücke: Aufgrund dieser Situation wird die Diskussion über eine intensive Familienpolitik (noch) verhindert. Die hohe Zuwanderung von Arbeitskräften, z. B. aus dem Euroraum, bringt, auch im Unterschied zu anderen Ländern, keinen »Brain-Drain«, keine Abwanderung von Intelligenz, sondern ein »Brain-Gain« – einen Zugewinn an Geist – mit sich.

Mit der Angst vor Verlust des Reichtums spielt schließlich die SVP, die Schweizer Volkspartei, die offen rassistisch plakatiert und argumentiert. Wie mit dem Spruch »Kosovaren schlitzen Schweizer auf«. Das drückt ebenso auf das weltoffene Image der Schweiz wie der ablehnende Volksentscheid zum Bau von Moscheen. Die Kehrseite des Reichtums …?

Weniger spektakulär, aber unter Umständen mit tückischer Langzeitwirkung, können konservative Verhaltensmuster nach dem Motto »Uns geht's gut, uns kann nichts passieren« sein. Böse Überraschungen haben die Schweizer diesbezüglich mit der schmerzlichen Pleite ihrer Fluggesellschaft »Swissair« zu Beginn des neuen Jahrtausends und dem »Beinahetod« der traditionellen Schweizer Uhrenindustrie durch die verschlafene Quarzrevolution, die von den Japanern vorangetrieben wurde, erlebt.

»Wachsam bleiben!« ist also auch ein probates Mittel gegen die Tücken des Reichtums. Den Gang der Welt beobachten, die eigenen Möglichkeiten sowohl prüfen als auch ausschöpfen und flexibel reagieren. Inwieweit das in dem gegenwärtigen »Kursdrama« funktioniert, bleibt abzuwarten. Aber im Detail, so beweisen auch die Walliser Touristiker, kann man schon etwas gegen die Tücken des Reichtums tun.

Die Credit Suisse in Zürich: Bescheidenes Schild einer großen Bank

■ PS: Kommando zurück und vorwärts marsch!

Nach der Fixierung einer festen Parität zwischen dem Schweizer Franken und dem Euro von 1:1,20 gab die Schweizer Nationalbank im Januar 2015 mit einem »Paukenschlag« und »aus heiterem Himmel« den Wechselkurs wieder frei. Einige sprachen dabei von einem »Tsunami«. Auch wenn der Himmel durch die vierjährige feste Bindung der beiden Währungen durchaus nicht heiter war, »spülte« die Freigabe des Euro nun seinen Preis tatsächlich unter die Ein-Franken-Grenze. Eine Katastrophe für den Tourismus und für die Exportindustrie der Schweiz! Das war eine Maßnahme, die völlig unerwartet und gegen die Gewohnheiten der direkten Demokratie ergriffen wurde.

Fünf Jahre später wird inzwischen konstatiert, dass der Schritt notwendig und richtig war. Die »Wolken« kamen dadurch auf, dass das Halten des Kurses immer teurer und die Bindung an das Währungssystem des Euro gefährlich wurde. Das schränkte die eigenen Handlungsspielräume ein. Die Konsequenz für den Tourismus war zum zweiten Mal seit 2011 ein schmerzlicher Rückgang der Touristen aus dem Euroraum.

Die Losung, die zugleich die Lösung sein könnte, gab Jürg Schmid, damals Direktor von »Schweiz Tourismus«, in der »Süddeutschen Zeitung« vom 15. Januar 2015 aus: »Die Schweiz war nie billig und wird es wohl auch nie sein. Entscheidend ist, dass sie den Preis wert ist.«

Beide Kurseingriffe, insbesondere der von 2015, könnten als klassische Stimulatoren für einen Innovationsschub im Tourismus gelten. Zwar steigt die Zahl der Gäste aus dem Euroraum 2019 tatsächlich wieder, dennoch schreckt z.B. viele Deutsche ein Zimmerpreis ab, der nach ihrem Verständnis nicht dem Preis-Leistungs-Verhältnis entspricht. Dazu gehören z.B. das Gemeinschaftsbad und das WC auf dem Flur. Die Touristen kamen ja auch so, weil der Blick auf die Alpen oder den Thuner See entschädigte ... Eine Gewohnheits-Tücke des Reichtums?

Reichtum hat seinen Preis

Wer an der Spitze ist und bleiben will, muss sich selbst einem hohen Druck aussetzen. Die Sensibilität dafür, dass Kapital aus der Schweiz »flieht«, ist durchaus da, so z.B. bei solchen Warnungen bei der Vernachlässigung der Digitalisierung. Am 12.10.2018 wird in der Handelszeitung.ch in Bezug zum Stand der Digitalisierung scharf formuliert: »Das Eigenlob der Schweiz ist unangebracht«. Tatsächlich kann man rasch Übersichten darüber finden, wo und wie die Schweiz Spitzenpositionen eingebüßt hat. Aber vielleicht gehört die sensible Reaktion zu den eidgenössischen Triebkräften des ununterbrochenen Fortschritts.

Während solche Entwicklungen auf der Hand liegen, irritieren Überschriften vom Sommer 2019. »Schweiz ist die größte Last der Welt«, heißt es am 24.7.2019 bei »extradienst.net«, und bei »taz.de« liest man am gleichen Tag: »Die Schweiz als Bremse«. Untersucht wurden in einer Bertelsmann-Studie die Belastungen der Produktions- und Konsumstrukturen für andere Länder. »Niemand hindert die anderen so stark daran, die 2015 von der UNO beschlossenen nachhaltigen Entwicklungsziele (Sustainable Development Goals, SDGs) bis 2030 zu erreichen.« Möglicherweise ist auch das ein (Image-)Preis des Reichtums ...

Auf den ersten Blick scheint das allerdings kein Problem des Reichtums, sondern der Rohstoffarmut zu sein. Tatsächlich ist die Schweiz überproportional auf Importe angewiesen. Laut der Studie gibt es Möglichkeiten, die Stellschrauben zum Positiven und zum gegenseitigen Vorteil zu verändern; gute Ansätze gebe es z.B. beim Kakao-Import. Generell fällt die Einschätzung allerdings anders aus: »Der Reichtum der Schweiz, gemessen an dem hohen Pro-Kopf-Einkommen seiner Bevölkerung, ist laut dem Report ausschlaggebend für die Kosten, die anderen Ländern aufgebürdet werden.«

Schweden, Platz fünfundzwanzig der Liste, und Dänemark, Platz neununddreißig, haben ein vergleichbares Einkommensniveau wie die Schweiz, stehen aber, was das Verursachen von Kosten angeht, weit besser da.

Als negative Faktoren für die schlechte Bewertung werden darüber hinaus die eidgenössische Tiefsteuerpolitik und das Bankgeheimnis genannt. Doch auch bei diesen Faktoren gibt es realistische Möglichkeiten für ein »Vorwärts marsch!«

Tücken beim Blick auf den Reichtum

Natürlich ist die Schweiz reich und gehört bei vielen diesbezüglichen Kennziffern zu den weltweiten Spitzenreitern! Beim Durchschnittsgehalt liegen die Schweizer 2019 mit über 65.000 Schweizer Franken auf Platz eins. Das ist ungefähr das Anderthalb- bis Zweifache des Lohnniveaus in Deutschland.

Dagegen wirken die hohen Lebenshaltungskosten in der Schweiz. Auch die Mieten sind etwas doppelt so hoch wie in Deutschland, Lebensmittel etwa dreißig Prozent teurer.

In einem Vergleich weltweiter Lebenshaltungskosten von hundert Ländern (Laenderdaten.info) liegt Deutschland auf Platz sechsundzwanzig und wird in der Liste auf 100 Punkte gesetzt. Die Schweiz belegt

Wohin soll die Reise gehen?

in dem deutlich niedrigeren Juragebirge mit Mittelgebirgshöhen. Das ist auch dann zu begehen, wenn auf den Alpentrassen noch oder schon wieder Schnee liegt. Das Juragebirge zieht sich in einem großen Bogen von Schaffhausen über Basel bis nach Genf. Insgesamt ist der sogenannte Innenrand in der Schweiz dreihundertfünfzig Kilometer lang, auf der französischen Seite beträgt der Außenrand rund vierhundertzwanzig Kilometer. Ein Wanderprogramm für mehrere Wochen ... Aber selbst eine Schnuppertour von zwei Etappen vermittelt die eigenartige Schönheit des vermeintlichen »Aschenputtels« im Land der Drei- und Viertausender.

Von Basel fährt der Zug bis Olten und von da aus ein Bus bis Hauenstein auf den gut ausgeschilderten Jurahöhenweg, der zum Europäischen Fernwanderweg »Balaton – Pyrenäen« gehört. Rund fünfhundert Höhenmeter sind bis zum ersten Höhepunkt, dem Belchensattel (1055 Meter), zu bewältigen, bevor es sechshundert Meter bergab an das Tagesziel Waldenburg geht. Die fünfzehn Kilometer lange Etappe lässt sich in vier Stunden absolvieren, in denen man weit ins dicht besiedelte

Barockes Wanderziel Solothurn

Schweizer Mittelland blickt, bei Glück Waldgämsen beobachten kann, aber auch am Rande des mehrere Hundert Meter abfallenden Gerstelgrates konzentriert entlang wandert. Das Waldenburger Hotel »Löwen« in der mit etwas über tausend Einwohnern kleinsten Stadt Europas ist einfach, die Speisekarte hingegen außerordentlich schweizerisch und gut. Früher ging durch den Ort die Passstraße von und nach Basel. Der Belchentunnel, durch den heute die A 2 führt, hat den Ort sehr beschaulich werden lassen.

Mit dem Bus geht es am Folgetag nach Balsthal, dem Ausgangspunkt für die zweite Etappe Richtung Solothurn. Hier kann man wählen zwischen einer anspruchsvollen Sechs-Stunden-Tour nach Welschenrohr, die auf knapp tausendzweihundert Meter führt, um von hier nach Solothurn zu kommen, und der etwas leichteren Variante mit fünf Stunden über die Schwengimatt in tausend Meter Höhe nach Niederbipp. Hier ist der Höhepunkt der nur einige Meter höher gelegene Berggasthof, der einen wunderbaren Hobelkäseteller im Angebot hat.

Von Niederbipp bis Solothurn fährt eine Vorortbahn bis zum Hauptbahnhof der Kantonshauptstadt. Bis in die Altstadt, deren Silhouette sich an der Brücke über die Aare überraschend auftut, sind es knapp zehn Gehminuten. Selbst nach einer nicht so schwierigen Tour ist die Vorfreude auf eine Dusche und einen kräftigen Röstiteller im neu renovierten Hotel »Zum Wirthen« groß. Hier sieht man aus dem Fenster auf die Höhepunkte der schönsten Barockstadt der Schweiz mit der Kathedrale St. Ursen, der Jesuitenkirche und dem Zeitglockenturm.

Aber natürlich muss man hinunter an die Aare mit ihren quicklebendigen Uferpromenaden. Solothurn liegt, wie viele andere Schweizer Städte, darunter auch die Hauptstadt Bern, an dem längsten gänzlich in der Schweiz liegenden Fluss mit einer berauschenden Fließgeschwindigkeit. Dies hängt damit zusammen, dass die Aare mit 590 m^3/s ein sehr wasserreicher Fluss ist und dabei den Rhein mit 439 m^3/s übertrifft. Mit einem Augenzwinkern meinen die Aare-Anwohner, dass aus hydrologischer Sicht damit der Rhein ein Nebenfluss der Aare sei, nicht umgekehrt.

Das ist eine Frage, über die man auf der entspannten Rückfahrt von Solothurn nach Basel ebenso nachdenken kann wie über einen längeren Entschleunigungsurlaub an Rhein, Aare und im Jura.

■ PS: Solothurn, die »Gnädige Frau« und das »Lädeli-Sterben«

Schon die Marktfrau Ferrarini in Laufen lobte vor sechs Jahren Solothurn als freudigen Marktort, wo sie ihren Stand gern aufbaut, gut verkauft und mit den Menschen ins Gespräch kommt. Aber auch für Wanderer, Durchreisende oder Shoppingfans ist Solothurn immer wieder eine Stadt, in die man gern fährt, zumal sie 2020 auf eine zweitausendjährige Geschichte verweisen kann.

Zu der freudigen und entschleunigenden Stimmung mögen auch die elf wunderbaren Brunnen in der Innenstadt beitragen, ebenso wie die barocken Gotteshäuser St. Ursen und die Jesuitenkirche, die von außen und innen die Vorfreude auf die Pracht des Jenseits stimulieren sollen. Und wir wissen ja: Nur wer fromm lebt, kommt in den Himmel ...

Barocke Pracht in Solothurn

Nur ein Wermutstropfen in der Stimmung?

Mein Akku ist alle – oder exakter: der von meinem Fotoapparat –, und so frage ich mich nach einem Fotoladen durch, um ihn vielleicht aufladen zu können.

Ein Markenzeichen der Schweizer Innenstädte ist die Vielfalt und Individualität des Einzelhandels, die woanders schon lange nicht mehr existiert. Man fühlt sich in die 1950er- und 1960er-Jahre in deutschen Kleinstädten zurückversetzt, wo meine Oma im »Tante Emma«- oder »Kurzwaren«-Laden noch mit »Gnädige Frau« begrüßt wurde und beim Rausgehen mit »Beehren Sie uns bald wieder!« verabschiedet wurde.

Den Fotoladen habe ich gefunden. Er ist geschlossen, und im Fenster hängt ein Zettel:

»Erst wenn alle Fachgeschäfte schließen müssen und keine Fachleute mehr vorhanden sind, werden die Menschen merken, dass online shoppen doch nicht so toll war.

Aus diesem Grund müssen wir schweren Herzens unser achtundsiebzigjähriges Geschäft schließen. Unseren langjährigen treuen Kunden danken wir ganz herzlich.«

Es liest sich wie eine Nachricht aus dem imaginären Jenseits.

Beim Discounter frage ich auch nach, aber der junge Verkäufer versteht meine Bitte nicht, und er sagt natürlich auch nicht: »Tut mir sehr leid, gnädiger Herr.«

Das mit der »Gnädigen Frau« oder dem »Gnädigen Herrn« ist ohnehin nicht mehr zeitgemäß, aber das »Lädeli-Sterben«, mit dem auch Winterthur, St. Gallen und selbst Zürich zu kämpfen haben, ist schon eine Frage der Stadt- und Lebenskultur. Es droht ein Schweizer Markenzeichen zu verschwinden, das nicht durch große Einkaufzentren zu kompensieren ist.

www.stadt-solothurn.ch

»Wir haben alles. Außer Meer.«

Die Schweiz überrascht als »Land des Wassers«

Wie wirbt man für ein Land oder eine Region, um Sympathien zu gewinnen und Besucher anzulocken? In Zusammenhang mit dem G-8-Gipfel im Jahr 2007 ist der Strandkorb, der an der Ostsee vor über hundert Jahren erfunden wurde, zum Werbeträger für Mecklenburg-Vorpommern erkoren worden. Passt. Oder besser: passte. Seit der Strandkorb in einem Aquarium

Die »Helvetic«

des Stralsunder Ozeaneums versenkt wurde und mit diesem Foto bzw. Clip geworben wird, ist die ursprünglich gute Idee buchstäblich ersoffen. Andere überholen das nordostdeutsche Bundesland im Wettbewerb um den international wirksamen Titel »Land des Wassers«.

So auch die Schweiz, die eigentlich für ihre Berge und Kühe bekannt ist. »Schweiz Tourismus« stellte in einer originellen und international beachteten Werbekampagne das Wasser in den Mittelpunkt und machte 2012 zum »Jahr des Wassers«. Das wird mit altbekannten Klischees über die Alpenrepublik kombiniert, wie z. B. mit Bernhardinern, die in einem Werbeclip zu Rettungsschwimmern umgeschult werden.

Die Schweiz schöpft beim Thema »Wasser« aus dem Vollen, und der Gast aus dem Wasserland Mecklenburg-Vorpommern staunt und kann eine Aussage der Marketingchefin von »Lausanne Tourismus«, Tanja Dubas, bestätigen: »Wir haben alles. Außer Meer.« Rund siebentausend Seen, über hundertzwanzig Gletscher, ungezählte Wasserfälle, Tausende von Flusskilometern und Startpunkt von vier namhaften Strömen, die bis in die Weltmeere fließen. Die Schweizer Touristiker werden es nicht schaffen, das alles »zu verkaufen«. Und auch ich muss mich bei meinen Wassererkundungen auf zwei Seen beschränken: den Vierwaldstättersee und den Genfer See.

So groß wie die Müritz, aber mit Föhn

Natürlich verzichten die Schweizer nicht auf Wilhelm Tell und nicht auf die Sicht auf ihr wichtigstes Kapital, die Berge, hier auf den Pilatus und den Rigi. Der Vierwaldstättersee, so groß wie die Müritz, ist zunächst eng mit Luzern verbunden, mit der Reuss, die am Nadelwehr mit einer erstaunlich erfrischenden Geschwindigkeit aus dem See fließt. Oder mit den Brunnen, die im Mittelpunkt der Stadtrundgänge zum Thema »Wasser« stehen.

Zum Thema passen die Dampferrundreisen. Hier begann vor über hundertfünfundsiebzig Jahren die Geschichte der Personenschiffe unter Dampf, die in der Schweiz gebaut wurden. Das erste war die »Stadt Luzern«, die 1837 in Dienst gestellt wurde. Heute gibt es noch »die Kinder« der ersten Dampfer vom Anfang des 20. Jahrhunderts – und natürlich moderne Personenmotorschiffe, mit denen man den Vierwaldstättersee und sein reizvolles Ufer erkunden kann, so z. B. Weggis, aufgrund des milden Klimas die »Riviera« des Sees, mit originellen Wellness-Angeboten im Hotel »Gerbi« und gleichzeitigem Blick auf den See, der durch den einfallenden Föhn sehr unruhig sein kann. »Grenzwertig, aber machbar«, schätzt der sechsunddreißigjährige Tourismusmann des Ortes, Markus Wolfisberg, ein, lädt mich zu einer Bootsfahrt und zum Angeln ein. Wir bringen keine Fische mit, wohl aber Respekt vor dem Föhn, der, als wir zurückfahren, weg ist. Der See ruht still …

… auch am nächsten Tag, einem Sonntag, als die Mitglieder des Segelclubs »Tribschenhorn« ihre Auftaktregatta austragen. Der IT-Fachmann Elmar Barbana ist der Präsident des Clubs mit dreihundert Mitgliedern, von denen ein Drittel sehr aktiv ist und die beim Ansegeln mit ihren Booten oder bei der Organisation dabei sind.

Das neue Boot von Elmar Barbana, seiner Frau und ihrer dreizehnjährigen Tochter ist die Wendemarke der familiär ausgetragenen Regatta, bei der gegen Ende doch noch etwas Wind aufkommt. Das leidenschaftliche Seglerehepaar erzählt von einer über fünf Jahre dauernden Weltumsegelung und von wunderbaren Segelrevieren auf dem Vierwaldstättersee. Und aus allem klingt heraus: »Das Meer ruft!« »Ja«, so der knapp fünfzigjährige Geschäftsmann, »das probieren wir noch einmal …«

Der frühe Fischer fängt den Fisch

»Hoffentlich bist du kein schwarzer Kater«, begrüßt mich Dana früh um vier lachend am noch dunklen Ufer des Genfer Sees. »Manchmal nehmen wir Leute mit, die die Fische nicht leiden können – eben schwarze Kater«, sagt die aus dem böhmischen Budweis stammende lebenslustige Mitarbeiterin des Fischers. »Wie viel hattet ihr denn gestern ohne schwarzen Kater?«, frage ich. »Zwei Stiegen«, sagt Serge Guidoux, der Fischer, und man sieht, dass er nicht zufrieden war. Als wir gegen halb sieben wieder anlegen, sind es mehr als ein Dutzend Stiegen mit Felchen, einem Fisch aus der Ordnung der Lachsartigen. Mehr als zweihundert Kilogramm! Na bitte, mein Ruf ist gerettet. Zwischen der Katerfrage und dem schönen Fangergebnis liegen zwei Stunden harter Arbeit auf dem See, obwohl inzwischen eine mechanische Winde die Stellnetze über eine Rolle an Bord zieht. Die beiden haben alle Hände voll zu tun, die Felchen aus den Netzen zu ziehen. Die sich dabei lösenden silbernen Schuppen legen sich als glitzernder Schmuck auf ihre Arbeitsanzüge. Gegen fünf kommt der erste »Navibus«, der zwischen dem französischen Evian und Lausanne pendelt: ein sehr schnelles Schiff mit zwei Motoren von jeweils tausendvierhundert PS, das kräftige Wellen schlägt. »Nicht gut für die Stellnetze«, sagt Serge ärgerlich. »Sollen sie sich lieber um die Renovierung der alten Dampfer kümmern.« Und tatsächlich liegt die »Italie«, ein Dampfschiff aus den Glanzzeiten der »Belle Époque« ziemlich traurig am gegenüberliegenden Ende des Hafens.

»Hoch leben die alten Dampfer!«

Kommunikation ist auch in der Schweiz fast alles, und so erfahre ich beim Besuch im Hafen, wo die alten Dampfer aus der Zeit des »Belle Époque« liegen, wie seit einigen Jahren die technischen Wunderwerke renoviert werden und wie dafür das Geld akquiriert wird. Eine wunderbare Leistung, die eine eigene Geschichte wert ist. Auf dem Gelände der »Compagnie Générale de Navigation sur le lac Léman« (CGN) treffe ich Maurice Decoppet, den Präsidenten der Freunde der Dampfschiffe auf dem Genfer See. Der frühere Swissair-Pilot sprüht mit seinen dreiundsiebzig Jahren vor Energie, als er uns über die renovierten Schiffe führt. Und auch über die »Italie«, bei der der Rost auf dem Vormarsch ist und die Zugänge vor Souvenirjägern stark gesichert sind. »Auch die schaffen wir!«, ist Decoppet überzeugt. Noch vor dreißig Jahren drohten die Dampfschiffe dem historischen Desinteresse und dem »Modernisierungswahn« zum Opfer zu fallen. Neonleuchten und Plastikverkleidungen hielten Einzug. Eine Wende kam mit der Gründung der Dampfschifffreunde und ihrer Arbeit zu Beginn des 21. Jahrhunderts. Heute gibt es in der Schweiz zwanzigtausend Unterstützer, zwei Stiftungen haben je fünf Millionen Franken in den Topf gelegt. So wurde es möglich, von acht Dampfern fünf komplett und originalgetreu zu renovieren, z. T. mit Originaldampfmaschine. Die »Suisse« hat dreizehn Millionen Schweizer Franken gekostet und gehört mit ihren Schwestern zu den Stars der CGN, die insgesamt siebzehn Schiffe in Fahrt hat, die 2011 von zwei Millionen Passagieren genutzt wurden. Darunter ist auch der »Navibus«, der still und friedlich, so als ob er kein Wasser trüben könne, der »Suisse« vis-à-vis liegt.

Die Piraten von Ouchy

Der Genfer See ist nicht das Meer, aber bewegt ist er bei der großen Fläche allemal. Mit den Wellen des Jets hatten am Vorabend auch die »Piraten von Ouchy« zu tun, die auf der »Vaudoise« die Lateinersegel sichern mussten, die durch das bewegte Wasser schwer hin und her schlugen. Als sich die Lage stabilisiert, wird das Beiboot ausgesetzt. Ich kann den Segler vor der Alpenkulisse fotografieren und sage über das Wasserland Mecklenburg-Vorpommern, als ich wieder an Bord bin: »Wir haben alles. Außer Berge.«

Die Menschen in Ouchy, einem Ortsteil von Lausanne, und insbesondere die »Piraten« sind ein besonderer Menschenschlag, die die Unabhängigkeit lieben.

Sie haben sogar einen eigenen (Spaß-)Pass, mit dem der Segellehrer Arne Doll (74) auch schon die eine oder andere Grenze in der Karibik überquert hat.

»Pirat« Robert Duffner

Die »Vaudoise« auf dem Genfer See

Mehr als ein Dutzend »Piraten« und der Skipper, der hier Patron heißt, freuen sich auf einen Törn mit der »Vaudoise« auf dem Genfer See, der mit fünfhundertachtzig Quadratkilometern fünf Mal so groß wie die Müritz ist. Das zwanzig Meter lange Schiff feierte 2012 seinen achtzigsten Geburtstag und hat früher Steine aus Frankreich in die Schweiz transportiert. Die Steine waren an Deck gestapelt. An der Bordwand ist rings um das Schiff ein Laufsteg angebracht, der ein Umrunden des Schiffes ermöglichte.

Das Totenglöckchen läutete bei vielen Frachtseglern mit dem Vormarsch des Betons im Bauwesen. Die Genfersee-Barke »Vaudoise« wurde gerettet. Und die Piraten meinten eines Tages, einen Wunsch des Schiffes vernommen zu haben. »Ans Meer. Einmal an das Meer!« Gehört, getan. Mit einem Tieflader waren Schiff und Crew 2004 bei der großen Sail im französischen Brest am Atlantik. Zehn Tage hat die Hin- und Rücktour jeweils gedauert. Inklusive Auf- und Abbau von Verkehrsschildern und Ampeln, damit man um die Ecken kommt. Das muss Liebe sein. Zum Schiff und zum Meer ...

■ PS: Drei Wiederbegegnungen am Genfer See

Der Lac Leman, der Genfer See, ist der größte und mit der Alpenkulisse wohl auch einer der schönsten Seen der Schweiz, den sie sich mit Frankreich teilt. Hier gibt es Geschichten ohne Ende, und bei dreien kann ich den Faden des Textes aus der Erstausgabe von 2014 wieder aufnehmen.

»Fischen ist Freiheit!«

Als ich Serge Guidoux nach sieben Jahren vor seinem Fischshop im Hafen von Ouchy, dem stolzen und selbstbewussten Seedistrikt von Lausanne, wiedertreffe, erkennt er mich natürlich nicht gleich wieder. Unsere Begegnung im April 2012 um vier Uhr früh auf seinem Boot war eine von vielen. Er ist ein gefragter Mann, denn er ist der letzte und einzige Fischer in Ouchy.

Ich zeige ihm im Text die Stelle, wo von dem damaligen Fangergebnis von zweihundert Kilo Felchen berichtet wird, und er sagt: »Das war einmal. Die Launen der Natur …?«

Auch am Bodensee geht die Menge der gefischten Felchen stark zurück. Eine Ursache könnte ein Phosphatmangel in beiden großen Seen sein.

Die zurückgehende Fangmenge ist beileibe nicht das einzige Problem, sagt der Mittfünfziger, der allerdings nach wie vor Optimismus und Leidenschaft ausstrahlt.

Seine Karriere als Fischer wurde ihm nicht in die Wiege gelegt. Sein Vater war Lkw-Fahrer. Eine Ausbildung als Postbeamter war ebenso wenig etwas für ihn wie ein Bürojob, bei dem er ziemlich oft auf die Uhr schaute. Mit dreißig entschied er sich, Fischer zu werden. Die Warnung seiner Eltern, dass er verhungern werde, ignorierte er und erklärte: »Fischen ist Freiheit!«

Er hat die Ratschläge der alten Fischer gesucht, ihre und neue Fangmethoden sowie Zubereitungsarten ausprobiert und Felchen, die bis dahin unterschätzt wurden, gesellschaftsfähig gemacht. Seine Fische sind heute in vielen Restaurants die Delikatesse. Seine Liebe zum Fischen ist ungebrochen. Er würde sich über einen Nachfolger freuen und ärgert sich, ebenso wie vor sieben Jahren, über den Egoismus vieler anderer Nutzer des Sees.

Wer Fisch essen will, muss auch die Fangbedingungen respektieren und nicht mit Hochgeschwindigkeit für Unruhe auf und im See sorgen, wie z.B. die Freizeitskipper oder die schnellen Fährboote der CGN. Vor sieben Jahren schob er noch den Satz hinterher: »Sollen sie sich lieber um die Renovierung der alten Dampfer kümmern!«

Gute Hoffnung auf die Komplettierung der »Belle-Époque-Flotte«

Das tun sie recht intensiv und erfolgreich.

Auch auf dem Gelände der Schifffahrtsgesellschaft CGN (»Compagnie Générale de Navigation«) treffe ich einen alten Bekannten, Maurice Decoppet, inzwischen schon im achten Lebensjahrzehnt und immer noch als Präsident der ABVL sehr engagiert, wie mir seine rechte Hand bestätigt. Evelyne Chevallaz Belotti ist Generalkoordinatorin der ABVL, der »Association des amis des bateaux à vapeur du Léman«, der Vereinigung der Freunde der Dampfschiffe des Genfer Sees.

Die junge Frau lädt mich zu einem Rundgang über die Werft ein. Zuerst in die Halle, wo die »Rhône« aus dem Jahre 1927 eine Totalüberholung erfährt. Zu sehen ist in der Dockgrube nur das Gerippe. Der Rost, einer

Evelyne Chevallaz Belotti

der größten Feinde der Schiffe, hat keine Chance, sich zu verstecken. Und man kann sich an dieser Stelle gut vorstellen, wie viel Arbeit und wie viel Geld, darunter viele Spenden, in die Rekonstruktion der Flotte geflossen sind.

Die »Rhône« im Trockendock

Sechs der acht zwischen 68,5 und 78,5 Meter langen Schiffe der Raddampferflotte sind aufwändig restauriert und seetüchtig gemacht worden. Die fantastischen Zeitzeugen des Geistes der Belle Époque sind die »Montreux« (1904 gebaut und 2001 erneuert), die »Vevey« (gebaut 1907 und erneuert 2013), die »Italie« (gebaut 1908 und erneuert 2015/16), die »La Suisse« (gebaut 1910 und erneuert 2007 bis 2009), die »Savoie« (gebaut 1914 und erneuert 2004/2006) sowie die »Simplon« (gebaut 1915-1920 und erneuert 2004 bis 2005 sowie 2010 bis 2012).

Die »Helvétie« wird 2026 hundert Jahre alt, und die Hoffnung, dass dieses Jubiläum die Renovierung des Schiffes im Vorfeld stimuliert und ermöglicht, ist nicht unberechtigt.

Meine fachkompetente und charmante Begleiterin weiß um eine wirkungsvolle Choreografie: vom »Gerippe« zum prachtvollen Leben.

Zuletzt gehen wir auf die »La Suisse«, also auf das Flaggschiff der Flotte, das mit einer fantastischen Galionsfigur und der Heckverzierung glänzt. Der Glanz setzt sich im Schiff mit dem Salon der ersten und zweiten Klasse fort, alles mit dem Ergebnis, dass die »La Suisse« vor einigen Jahren als schönstes Dampfschiff der Welt ausgezeichnet wurde.

»Vornehm geht die Welt zugrunde?« Nein, hier wird die schöne Welt durch ausgezeichnete Rekonstruktionsleistungen ins Heute geholt!

Die »La Suisse«, das Flaggschiff

Die alte »Vaudoise« lebt und segelt!

Schon auf dem Weg zum Liegeplatz der »La Vaudoise« im Hafen von Lausanne-Ouchy entdeckte ich Zeichen dafür, dass es dem über achtzigjährigen Schiff gut geht. »Zeugen« dafür sind ein großes Foto auf dem Plakat der Confrérie, der Bruderschaft der Piraten von Ouchy, und ein kleines Denkmal vor dem Hafenhaus der Piraten. Das Denkmal ist eigentlich nur ein Stein, hat aber einen großen symbolischen Wert: Der Segler, der in seinem früheren »Berufsleben« als Steinetransporter eingesetzt worden ist, hat ihn nach seiner Restauration im Jahre 2015 über den See befördert.

Gedenkstein für die »Piraten von Ouchy«

Am Kai des Hafens von Ouchy liegt schließlich das schöne Schiff. Wie in Kiel oder Rostock lautet auch hier die Aufforderung: »Segeln Sie mit!«

Von Mai bis September 2019 setzten die »Piraten von Ouchy« für zwei bzw. zweieinhalb Stunden die Segel der Bark: für Einzelpersonen zu einem Preis von siebzig Schweizer Franken und für Gruppen bis fünfunddreißig Mitsegler für tausend Schweizer Franken. 2021 geht es weiter!

Brauchen die Schweizer wirklich ein Meer?

www.poissonduleman.ch
www.cgn.ch
www.lavaudoise.com

Klartext oder »Das Haar in der Suppe«?

Reichtum und Armut in der Schweiz

Es war bei einem meiner ersten Aufenthalte in der Schweiz, in Basel. Ich saß im Frühsommer 1991 in einer großen Runde mit rund dreißig Leuten. Sie diskutierten zu einem Thema, das mich überraschte: Armut in der Schweiz. Die Diskussion war äußerst heftig und wurde natürlich in Schwyzerdütsch geführt. »Hochdütsch, bitte!«, rief der Moderator in regelmäßigen Abständen. »Wir haben einen Gast aus Dütschland.« Das nahm einer der ungeduldigen Teilnehmer in der Runde zum Anlass, zu rufen: »Aber auch Klartext, bitte!«

Mehr als zwanzig Jahre später spricht Ueli Mäder in einem Hörsaal des Kollegienhauses der Universität Basel, einem hellen, klaren Gebäude aus den späten 1930er-Jahren, vor internationalem Publikum im Rahmen des Sommerkurses vor Studentinnen und Studenten über das Thema »Reiche und Arme in der Schweiz«. Mäder spricht Hochdeutsch und Klartext.

Ich sitze neben einer Studentin aus Amsterdam, die fleißig mitschreibt und anschließend, wie weitere ZuhörerInnen auch, den soziologischen Bestseller »Wie Reiche denken und lenken« in der dritten Auflage kauft, den Ueli Mäder gemeinsam mit Ganga Jey Aratnam und Sarah Schilinger verfasst hat. Mäder ist Professor für Soziologie an der Universität Basel und an der Hochschule für Soziale Arbeit Basel.

Die Schweiz – das reichste Land der Welt mit viel Sozialneid?

Der Soziologe hat eine zwingende Argumentationskette zum Verhältnis von Reichtum und Armut entwickelt, die er in diversen Publikationen variabel anwendet. So z. B. in dem 2013 erschienenen »Handbuch Sozialwesen Schweiz«, wo er für das Kapitel »Armut und Reichtum« verantwortlich zeichnet.

Kritiker seiner Forschungen haben ihm die »Suche nach dem Haar in der fetten Schweizer Suppe« oder das Liefern von Stoff vorgeworfen, der den »Sozialneid« schürt.

Aber man muss nicht auf die Schriften von Mäder zurückgreifen, sondern es reicht, sich in den Kategorien »Reichtum« und »Armut« die aktuellen Statistiken und Meldungen anzusehen, um zu registrieren, dass dieser Kontrast im öffentlichen Leben der Eidgenossenschaft keine untergeordnete Rolle spielt.

Zu diesem Eindruck trägt bei, dass die sogenannte Minderinitiative, auch als »Abzockerinitiative« bekannt geworden, u. a. gegen überzogene »Managerbegrüßungs- oder -abschiedsgelder« Anfang 2013 Erfolg hatte. Die »1:12 Initiative«, die Begrenzung der höchsten Einkommen auf das Zwölffache des »Normalen«, in Gang gesetzt durch die Schweizer Jungsozialisten, wurde hingegen in einer Abstimmung im November 2013 von den Eidgenossen abgelehnt.

2014 gibt es nun schließlich auf der Basis einer erfolgreichen Volksinitiative einen Urnengang, um über einen gesetzlichen Mindestlohn von viertausend Schweizer Franken monatlich bzw. zweiundzwanzig Schweizer Franken Stundenlohn abzustimmen. Das Durchschnittsgehalt eines Schweizer Arbeitnehmers beträgt ca. sechstausenddreihundert Schweizer Franken.

Solche Zahlen wundern natürlich den deutschen Beobachter, in der Bundesrepublik geht es um einen Mindestlohn, der unter der Hälfte des in der Schweiz angestrebten liegt. Das Staunen setzt sich fort, wenn er die Startgehälter für Absolventen sieht, die z. B. bei Betriebswirten durchaus bei achtzigtausend Schweizer Franken im Jahr liegen können. Nun gut, die Lebenshaltungskosten … Aber selbst absolut und wenn man das berücksichtigt, gehört die Schweiz zu den reichsten und wohlhabendsten Ländern der Welt.

Quellen des Reichtums

Dass die Schweiz heute so reich ist, wundert nicht. Das Spektrum der Ursachen dafür, dass die Eidgenossenschaft, die noch bis zur Mitte des 20. Jahrhunderts nicht als reich galt und fünfzig Jahre vorher teilweise Armenhausregionen hatte, ist breit.

St. Moritz – kosmopolitische Alpenstadt.
Sehen und gesehen werden …

Zunächst gibt es einen Faktor, der insbesondere auch aus deutscher Sicht uneingeschränkte Anerkennung verdient. Es sind die Neutralität und die Tatsache, dass die Schweiz seit zweihundert Jahren an keinem Krieg mehr beteiligt war und so zerstörte Städte und Kriegsopfer vermieden hat.

Meine Wirtin aus Studienzeiten in Leipzig war Jahrgang 1893, hat im Ersten Weltkrieg und Zweiten Weltkrieg ihren ersten und zweiten Ehemann verloren, 1923 durch die Inflation ihre Ersparnisse, und auch nach 1945 musste sie wieder bei null anfangen. Die Halbierung ihres kleinen Vermögens durch die Währungsunion 1990 und die Umstellung von Ost- auf Westmark hat sie leider nicht mehr erlebt, wohl aber ihre Erben, die sich über die 1.115 DM trotzdem gefreut haben.

Eine jahrzehntelange ertragreiche »Erbkette«, wie sie in der Schweiz normal ist, war in Deutschland, und insbesondere im Osten, lange nicht möglich.

Ueli Mäder hat in seinen Gesprächen mit Reichen in der Schweiz den Eindruck gewonnen, dass die Erben es als eigenen Verdienst ansehen, wenn sie erben. Nun gut ...

Eigener Verdienst ist jedoch der Fleiß und Einfallsreichtum der Schweizer bei der Entwicklung hochqualitativer Produkte oder bei der Kompensation von fehlenden Rohstoffen, wie im Eisenbahnwesen durch die frühe Elektrifizierung.

Andere, auch im eigenen Land kritisch gesehene Quellen des Reichtums sind Gewinne im früheren Kolonialhandel (obwohl die Schweiz keine Kolonien hatte), im jüngeren und gegenwärtigen Außenhandel, Dividende aus Geschäften mit Diktaturen oder dem Apartheidsystem in Südafrika, die Deponierung von Geldern kriegführender Parteien oder einfach auch von »unversteuerten Geldern« aus dem Ausland. Hier ist gegenwärtig ein transparenter Aufbruch in Gang gekommen. Noch ist es eine dunkle Seite der Schweiz, die der umfassenden Aufhellung bedarf.

Die Spitze des Eisberges sind die Zahlen über die Milliardäre und Millionäre, die in der Schweiz leben und es so zu dem Land mit der höchsten »Reichendichte« machen.

Im Spätherbst 2013 kam die Meldung, dass die dreihundert reichsten Bewohner der Schweiz (darunter sind auch zahlreiche Ausländer) zusammen 564 Milliarden Schweizer Franken besitzen: ein neuer Rekord und eine Steigerung gegenüber dem Vorjahr um zehn Prozent! Aufgeteilt auf alle Schweizer wären das siebzigtausend Franken pro Kopf.

An solch eine aufteilende Revolution denkt natürlich niemand, wohl aber daran, wie man dieses unvorstellbare Vermögen stärker zum Nutzen des Gemeinwesens, inklusive der gesellschaftlichen Einbeziehung der weniger Bemittelten, nutzen kann. Denk- und Handlungsansätze haben die Autoren von »Wie Reiche denken und lenken« in den oberen Etagen durchaus gehört und gesehen, zum Beispiel das in der Schweiz gut ausgeprägte Stiftungswesen, aber auch die sinngemäße Erkenntnis: »Das letzte Hemd hat keine Taschen.«

Übrigens: Nach langer Zeit der Tabuisierung des Themas »Armut in der Schweiz« stehen jetzt auf dem Index der »kapitalgefährdenden Maßnahmen« Steueraktionen, die auf die dicken Vermögen abzielen.

Wie viel Schatten gibt es bei so viel Licht?

Wo Licht ist, ist auch Schatten. Gibt es lange Schatten, wo es viel Licht gibt? Es kommt darauf an. In der Schweiz steht die Reichtumssonne sehr hoch und wirft demzufolge weniger Armutsschatten als anderswo.

Dadurch relativiert sich vieles. Die Armutsgrenze in der Schweiz liegt nicht wie in einigen Ländern Asiens, Afrikas oder Lateinamerikas bei zwei Dollar pro Tag. Sie beträgt bei Einzelpersonen ca. zweitausendfünfhundert und bei zwei Erwachsenen mit zwei Kindern circa viertausend Schweizer Franken pro Monat.

Betroffen von Armut sind in der Schweiz, so der Bundesrat Alain Berset, rund sechshunderttausend Menschen. Ungefähr hunderttausend davon sind Kinder. Die Zahlenangaben sind hier recht unterschiedlich. Andere Quellen, wie z. B. die »Caritas«, sprechen von bis zu neunhunderttausend.

Eine besondere Gruppe, die auch Mäder periodisch analysiert, sind die »working poor«, also die Menschen, die trotz Arbeit und eigenem Einkommen arm sind.

Niemand muss in der Schweiz verhungern, zumindest nicht im wörtlichen Sinne. Aber die Gefahr des sozialen, geistigen und kulturellen Verhungerns ist ebenso vorhanden wie Symptome der »politisch-partizipatorischen Unterernährung«. Die einfache Formel, dass das politische Interesse ebenso wie die Motivation, zur Wahl zu gehen, mit sinkender Lebensstandardkurve abnimmt, gilt auch in der Schweiz.

Politisch passiert aber etwas in der Eidgenossenschaft: Hilfsorganisationen fordern die Halbierung der Armut in der Schweiz bis 2020. Von 2014 bis 2018 stellt der Bund in einem Programm neun Millionen Schweizer Franken zur Verfügung, die vor allem die Bildungschancen von sozial benachteiligten Kindern, Jugendlichen und Erwachsenen sichern sollen, damit diese nicht in die Armut abrutschen.

Neun Millionen, so die ersten Reaktionen, sind natürlich nur ein Tropfen auf den heißen Stein. Aber zumindest wird akzeptiert, wie brisant das Problem ist. Noch einmal Bundesrat Alain Berset im Mai 2013:

»In der reichen Schweiz darf es nicht so viele Arme geben. Es darf doch nicht sein, dass es bei uns so viele Menschen gibt, die nicht in Würde leben können. Dabei geht es auch um den Zusammenhalt unserer Gesellschaft.«

Das ist eine bemerkenswerte Aussage des Innenministers. Dass das Problem »Armut in der Schweiz« heute auch offiziell so auf den Punkt gebracht wird, hat sicher nicht zuletzt damit zu tun, dass Ueli Mäder in dieser Sache seit vielen Jahren Klartext redet.

■ PS: Almosen lösen das Armutsproblem nicht!

»Armut in der Schweiz« ist bis heute kein gängiges Klischee, auch weil es den wohltuenden Eindruck von der tatsächlich reichen Eidgenossenschaft stört. Ueli Mäder wurde mitunter ermahnt, dass sein Hinweisen auf die Existenz von Armut für die Schweiz oder für die jeweilige Kommune imageschädigend sei.

Mäder ist heute emeritiert und schrieb kurz vor seinem Ausscheiden als Hochschullehrer, dass seine Agenda ab 1. August 2016 leer sei und er die freie Zeit seiner Frau und sich schenken wolle. Er betonte aber gleichzeitig: »Mein soziologischer Blick bleibt mir erhalten.« (Regionaljournal Basel, 20.05.2016)

Natürlich bleibt es nicht nur beim Blick. »Wer schreibt, der bleibt«, ist offensichtlich auch in der Schweiz ein gutes Motto für Geisteswissenschaftler. Der Schreiber bleibt in geistig-frischer Form, im Gespräch und in den Diskussionen über das Geschriebene.

Ueli Mäder

Drei weitere Bücher sind von dem Wissenschaftler kurz vor seiner Emeritierung und danach erschienen:

»macht.ch-Geld und Macht in der Schweiz«, (Rotpunktverlag, Zürich 2015), »Dem Alltag auf der Spur- Zur Soziologie des Alltags«, (Edition 8, Zürich 2017) und »68 – was bleibt?« (Rotpunktverlag, Zürich 2018). Das sind also auch Themen, die über seine »Spezialgebiete« hinausgehen. Aber die Soziologie war und bleibt sein Hauptfeld.

Es ist schwierig, in einem naturgemäß knappen PS die Ideenvielfalt und die entsprechende Gedankenkette zum Thema »Armut und Reichtum« in der Schweiz darzustellen. Bevor ich das versuche, zwei Bemerkungen vorab: Arme und Reiche gehören seit den Anfängen des Privateigentums zu den sozialen Antipoden schlechthin. Hier finden sich die Quellen für Konflikte auf allen sozialen Ebenen, aber auch für Träume und Märchen. Ein williger Zeuge ist auch hier die Statistik: 2013 besaßen die dreihundert reichsten Schweizer 564 Milliarden Schweizer Franken. Sechs Jahre später, also 2019, waren es 703 Milliarden, also 139 Milliarden Franken mehr (Bilanz 12/2019).

Keine Almosen und keine »Hau-drauf-Methode«

Diese Zahlen sind ein gutes »Futter« für Überschriften und die Emotionen, die durch diese ausgelöst werden. Auf der anderen Seite ist es ähnlich. »Die mittelländische Zeitung« wählt am 6. Oktober 2019 den Titel »Die Armut in der Schweiz nimmt täglich zu«. In dem Artikel wird sich dann auf Analysen der »Caritas« bezogen. Etwa jede zehnte Person lebt in einem Haushalt, der von einem Erwerbseinkommen unterhalb der Armutsgrenze leben muss. Das betrifft zwischen siebenhunderttausend und neunhunderttausend Personen. Mindestens zweihundertsechzigtausend Kinder sind von Armut betroffen. Nun gibt es zu solchen Zahlen unzählige interpretierende Analysen. Mäder arbeitet auch mit Zahlen und spricht im Januar 2020 davon, dass über acht Prozent der Schweizer arm seien. Er geht aber weit darüber hinaus – oder besser: Er geht in die Tiefe. Sozusagen als Ausgleich zu den trockenen Zahlen spricht er viel mit den Menschen, mit den Reichen und mit den Armen. Obwohl klar ist, auf welcher Seite er steht, findet sich bei ihm keine radikale Forderung an die Reichen im Sinne von: »Los, gebt mehr ab!« Auch weil er weiß, dass das nicht die Lösung des Problems ist.

Er bleibt bei seinen Analysen der »Reichen« kritisch, würdigt aber auch den mitunter großzügigen Spendergeist oder ihre Einsichten, dass Eigentum verpflichtet, Ungleichheit den sozialen Frieden gefährdet oder ein Ausgleich Voraussetzung für ein starkes soziales Gefüge ist. Ähnliche Tiefen zeigt er auf der Seite der Armut auf, die in einer reichen Gesellschaft oft versteckt existiert. Ein wichtiges Anliegen des Soziologen: das Armutsproblem nicht mit »Almosen« zu lösen. Vielmehr sei die Schaffung eines breiten Bewusstseins für die Ungleichheit und die Notwendigkeit, sie gesellschaftlich anzugehen, notwendig, ohne damit die Bedeutung privater Initiativen oder Hilfsorganisationen in Abrede stellen zu wollen. »Goodwill ist zu wenig. Hier ist starker politischer Wille gefragt!«

Die ganze Vielschichtigkeit eines strategischen Programms zur Überwindung des Problems formulierte der Forscher in Notizen »Zur Armut in der Schweiz« im Zusammenhang mit der Armutskonferenz vom 7.9.2018. Hier schrieb Ueli Mäder: »Gängige Armutsdebatten konzentrieren sich auf die Erwerbsarbeit und das System sozialer Sicherung … Geld bringt, wie die Lohnarbeit, soziale Sicherheit und Anerkennung. Gleichwohl ist eine existenzsichernde Erwerbsarbeit für möglichst alle anzustreben.« Der Soziologe plädiert für eine Erweiterung des Rechts auf Arbeit. »Und zwar im Sinne eines Rechts auf sinnvolle Tätigkeit, das die Arbeit sozial und umweltgerecht konzipiert, die Mitbestimmung weiter demokratisiert und die unteren Einkommen anhebt … Wenn wir Armut bewältigen und ein lebendiges Miteinander wollen, müssen wir über den Zugang zu Arbeit und Geld hinaus das Verständnis dafür fördern, dass alle Menschen zu respektieren und existenzsichernd zu unterstützen sind. Und zwar einfach deshalb, weil sie Menschen sind, nicht weil die Renten rentieren.«

Das ist absolut Klartext und wahrhaftig eine fantastisch humane Perspektive …

Bergell: Die letzte Ecke (I)

Wie hinterwäldlerisch geht's hier zu?

Wie lange hält sich Tradition? Nicht künstlich oder als Folkloremarketinginstrument, sondern aus dem »Inneren«, aus dem Herzen, als Bedürfnis, als Lebensform? Wie widersteht sie den Verlockungen der Moderne und der Postmoderne?

In der Schweiz gibt es wahrscheinlich weltweit die meisten Möglichkeiten, dieser Frage nachzugehen. Eine Möglichkeit ist das Bergell. Tradition hin oder her, aber ist das nicht etwas hinterwäldlerisch?

»Hinterwäldlerisch?« Das stimmt ja so nicht, denn das Bergell liegt hinter einem Pass, dem Malojapass, 1815 Meter über dem Meeresspiegel.

Gibt es das Wort »hinterpässlerisch«? Egal, wir wissen, was gemeint ist. »Hinter dem Mond« wäre eine andere Bezeichnung, und auch »Schneewittchen hinter den sieben Bergen« könnte hier mitspielen.

Übrigens liegt auch der Weltort St. Moritz hinter einem noch höheren Pass, dem 2284 Meter hohen Julierpass. »In der Regel«, bestätigt der Busfahrer auf Nachfrage, »überqueren wir die Pässe auch im Winter.«

Vom Malojapass geht es im Bergell bis an die italienische Grenze ständig bergab. Vor der Dominanz des Gotthardpasses führte hier ein wichtiger Transitweg entlang.

Heute lautet die Frage, wie das Tal »lebendig« bleibt. 1803 lebten hier noch über zweitausend Menschen, gegenwärtig sind es etwas über tausendsechshundert, die in den Gemeinden des Bergell (seit 2010 Bregaglia), also in Bondo, Castasegna, Soglio, Stampa und Vicosoprano leben. Vereinigung in Zeiten des demographischen Wandels ist eine Möglichkeit, politisch zu überleben. Hier ist Italienisch die Amtssprache, die Menschen sprechen immer noch den Bergeller Dialekt mit romanischen und lombardischen Sprachelementen.

Während die Fahrer der Postautos auf dem Weg über die Pässe eine spezielle Lenkerfahrung ins Spiel bringen müssen, ist es in Orten wie Promontogno ein besonderes Augenmaß, um die jeweils fünf Zentimeter

Durch diese hohle Gasse muss er kommen …

rechts und links des Busses beim Passieren zweier Häuser nicht wesentlich zu unterschreiten. »Durch diese hohle Gasse«, wird der Fahrer manchmal denken, »muss ich kommen. Ging bisher immer.«

Das helle Posthorn warnt nicht nur den Gegenverkehr, sondern ist manchmal auch ein jubelndes Signal, dass es wieder mal geklappt hat. Das Motiv, das aus dem Dreiklanghorn ertönt, stammt aus dem Andante der Ouvertüre zu Rossinis »Wilhelm Tell« und umfasst die Töne cis, e und a in A-Dur.

Das ist immer wieder erhebend. Und trotzdem: Wenn ich Busfahrer wäre, würde ich mir als Dienstort die Insel Bornholm aussuchen – verkehrsarm und flach mit einer extremen Schneearmut.

Man könnte dem Busfahrer beim Kurbeln und Peilen noch länger zusehen, wenn man in das nahe Italien weiterfahren würde. Wer nach Soglio will, steigt hier in Promontogno am »Buskehrplatz« um und lässt sich die kurze, aber steile Serpentinenstraße durch den Kastanienwald hinauffahren.

Kastanien und Ziegen als Lebensgrundlagen und »stille Attraktionen«

Das Herunterfallen der Kastanien und ihr Aufschlagen auf dem Busdach im frühen Herbst sind nicht organisiert, und der Busfahrer bekommt bei jedem Knall einen seltsamen Gesichtsausdruck.

Am anderen Tag wandere ich die schmale Straße nach Promontogno zurück und merke, wie sich der alte Sammelinstinkt aus Kindertagen meldet. Davor bewahren mich zunächst Schilder.

»Kastanien.

Während der nächsten Wochen werden die Kastanien aufgelesen. Wir weisen darauf hin, dass die Kastanienselven keine öffentlich zugänglichen Wälder sind und dass das Auflesen durch Dritte untersagt ist. Die Gemeinde wird Kontrollgänge durchführen. Das Nichtbeachten des Verbotes wird mit Buße bis zu 50,- Franken geahndet.«

Eine Selve ist eine Hochstammobstanlage aus veredelten Edelkastanien. Also nichts da mit dem Aufsammeln der Kastanien – und schon gar nicht, wie wir es früher taten, mit Steinen und Stöcken nach stachligen Früchten mit ihrem braun glänzenden Inhalt werfen. Und so bleibt das Sammeln von Exemplaren auf der Straße, die nicht überfahren worden sind.

Auch die unversehrten verlieren, wie ihre entfernten Verwandten im Norden, bald ihren schönen Glanz, aber nicht ihren Wert. Die Verwendung der Esskastanien, früher im Bergell das Grundnahrungsmittel Nr. 1 mit einem sehr hohen Kohlenhydratanteil, geht weit über die in Deutschland bekannte »Röstung« hinaus. Diese Vielfalt ist jährlich während des »Kastanienfestivals« im Oktober im Bergell zu erleben. Ein stiller, aber substanzieller touristischer Trumpf, allerdings nicht geeignet für einen Massenevent. Und kombinationsfähig mit Kunst: Alberto Giacometti, weltberühmt durch seine überschlanken Bronzefiguren, stammt aus dem Bergell und hat hier viele Basisimpulse für sein späteres künstlerisches Schaffen, u. a. in Paris, gespeichert.

Die Veranstaltungen des Festivals reichen von Führungen durch die Kastanienwälder über den Besuch der hölzernen Trockenhütten bis zu kulinarischen Tagesausflügen mit dem erstaunten Resümee: »Guck an, die Kastanie!« Und die alten Lateiner unter uns würden in der kleinen Gruppe leise, aber vernehmlich murmeln: »Castania sativa« ...

Für das Erstaunen über diese Frucht, die zur Ordnung der Buchenartigen gehört, gibt es eine Fortsetzung im Laden von Verena und Felix Brügger in Soglio genau gegenüber dem Palazzo Salis: Kastanienwurst, Kastanienmehl, Kastaniengebäck und auch kosmetische Produkte. Die beiden haben sich vor einem Dutzend Jahren entschieden, diese Arbeits- und Lebensform in Soglio gemeinsam mit ihren Kindern zu praktizieren. Zu ihrer Existenzgrundlage gehören neben einer kleinen urigen Pension noch Hühner und dreißig bis vierzig Ziegen. Das ist »eine ganz schöne Möglichkeit, den Besuchern das Melken der Tiere zu zeigen, oder sie können es einmal selbst ausprobieren«. Was vor einigen Jahrzehnten zum Alltag gehörte, ist heute etwas Besonderes. Auch hier ist es keine Show, wenn Felix die Gäste mitnimmt. »Die Ziegen sind auch wichtige Landschaftspfleger«, sagt er. Ohne sie würden die Hänge

Ziegen sind auch Landschaftspfleger ...

Ziegenkäse-Topfgucker willkommen!

verbuschen. Die Milch wiederum ist der Rohstoff für Käse, den Verena in der alten geräumigen Küche produziert. »Topfgucker«, darunter zahlreiche Kinder, sind hier ebenso gern gesehen wie Besucher, die das Rollen des frischen Käses in diversen Gewürzen beim Finale selbst einmal probieren wollen. Wer mehr will, geht in den Laden im Parterre und legt das Geld in eine kleine Holzkiste, eine »Kasse des Vertrauens«.

Die Moderne ist immer noch nicht da!

Am 7. Februar 1964, also vor einem halben Jahrhundert, schrieb Jürgen Zimmer in »Die Zeit«:

»Hier wird ein Geheimtipp verraten: Soglio, eines der hinreißendsten und am besten versteckten Dörfer der Alten Welt. Die wenigen, die es schon kennen, werden ›buh‹ rufen und sich ärgern, doch gibt es Symptome dafür, dass es nicht mehr lange dauern kann, bis Soglio von einem der großen Reiseunternehmen ›erschlossen‹ und ›erweitert‹ wird. Nur wenn die alten und neuen Liebhaber den Ort besetzt halten, wird sich das vielleicht verhindern lassen.«

Luca Foletta: »Nachhaltiger Tourismus als Chance …«

Die Brüggers gehören zu den Besetzern von Soglio. Nicht mit Barrikaden und Transparenten, sondern mit traditionellen Ideen, die das Gegenteil von Nostalgie sind.

Die Moderne in Form von Luxusbussen (vielleicht sind sie auch elf Zentimeter zu breit?) und Durchlauftouristen ist immer noch nicht da. Sieht man in dem »Schwalbennest Soglio« aus dem Fenster des Hotels »La Soglina« über die Steindächer und die Kirche auf das spektakuläre und mehr als dreitausend Meter hohe Granitmassiv der Sciora-Gruppe sowie auf den Piz Cengalo und den Piz Badile, kann man sich vorstellen, dass der eine oder andere Immobilienmakler davon träumt, hier einen Außenstandort von dem nur eine Autostunde entfernten St. Moritz zu installieren.

Nein! Aber der Verzicht auf eine vordergründige geldbringende Moderne hat seinen Preis: den Mangel an Ausbildungs- und Arbeitsplätzen und die Auswanderung der jungen Leute.

»Was machst du nach der Ausbildung?«, frage ich Luca, der von hier stammt, im Tourismusbüro in Stampa arbeitet und – so wie viele seiner Altersgenossen – »auswandern« muss.

Lebendig werden die Perspektiven in einem Palast, der enge historische Bezüge zum Auswandern hat, und man kann es auch auf www. centrogiacometti.ch nachlesen.

Der Palazzo Castelmur in Coltura bei Stampa ist ein von Johannes Redolfi im Jahr 1723 erbautes Patrizierhaus. Baron Giovanni de Castelmur (1800 – 1871) baute den Palazzo Mitte des 19. Jahrhunderts aus. Er gehörte einem alten Bergeller Geschlecht an. Sein Vater war Zuckerbäcker in Nizza, und auch de Castelmur führte nach seinem Studium der Politik- und Rechtswissenschaft eine Konditorei an der Côte d' Azur. Hier wurde er wohlhabend, kehrte ins Bergell zurück, investierte in den Palazzo und gemeinsam mit seiner Frau in soziale Projekte.

»Ist das ein Modell für die Gegenwart, Luca?« Eine Antwort könnte die Dauerausstellung über die Wanderbewegung der Engadiner Zuckerbäcker von Anfang des 15. bis zur Schwelle des 20. Jahrhunderts – von Sevilla bis St. Peterburg – geben. Nicht schlecht für das Geschichtsbewusstsein und für das aktuelle Migrationsverständnis der Schweizer sind die Fragen: Warum wanderten sie aus? Wie ging es den Schweizern als Fremde in der Fremde?

Vereinzelt sehr gut, wie dieser Palast und andere Häuser von Rückkehrern zeigen, in der Masse aber schlecht. Viele sind an Heimweh gestorben oder mussten unter unmenschlichen Bedingungen arbeiten.

»Und dennoch, Luca? Auswandern, reich wiederkommen und so Schwung in das Ganze bringen?«

»Glaub ich nicht. Nachhaltiger Tourismus im Einklang mit der Natur und unseren Traditionen – das ist unsere Chance.«

Das ist nun gar nicht »hinterwäldlerisch« oder »hinterpässlerisch«. Und eine gute Alternative zum nahen St. Moritz auf der anderen Seite des Passes.

■ PS: Glück und Leid der Alpen

Wahrscheinlich ist es in wenigen Ländern der Welt so schwer, sich für die schönste Region zu entscheiden, wie in der Schweiz. Das Bergell gehört ohne Zweifel zu den Favoriten, und Soglio hat 2015 die Krone als »Schönstes Dorf der Schweiz« bekommen. Darüber hat sich natürlich auch die Familie Brügger gefreut, weil sie durch ihr Projekt, das sie vor nahezu zwei Jahrzehnten in dem fast fünfhundert Jahre alten Ort gestartet hat, zur Schönheit beiträgt. Nicht so sehr durch äußeren Glanz, aber wir wissen, Schönheit bezieht sich auch auf innere Werte, auf die Seele und die Lebendigkeit. Ihr uriger Laden und die Pension gehören definitiv zu den »Schönheiten« der Kommune.

Soglio – 2015 »Schönstes Dorf«

Dazu kommen die Lerneffekte für Groß und Klein, doch dieser Bereich musste vorübergehend zurückgefahren werden. Felix Brügger (71) hat sich einer Knieoperation unterzogen und in der Folge einen Teil der Ziegenbetreuung und die Anleitung zum Ziegenmelken einem Nachbar übergeben.

Ziegenkäse wird von Verena Brügger nach wie vor produziert, mitunter beschränkt durch die sich entwickelnde Hygienebürokratie.

»Schönstes Dorf« – solche Titel machen neugierig und wecken mitunter auch Begehrlichkeiten. In dieser wunderbaren Hanglage mit einem eigenen Haus ein Denkmal setzen …?

Allerdings ist die »Moderne« immer noch nicht da, wie auch Paola Gianotti vom »Bregaglia Engadin Turismo«-Büro in Stampa bestätigt. Auch das hat zwei Seiten: Die Ursprünglichkeit bleibt erhalten, aber die Jugend geht. So wie Luca Foletta, der im Herbst 2012 durchaus noch eine berufliche Perspektive und die Hoffnung hatte, im Bergell bleiben zu können. Nun muss er seine Brötchen im Tessin verdienen. Die alten Zuckerbäckergeschichten lassen grüßen …

Gefährliche Schönheit der Alpen

Die Erkenntnis, dass ein Hochgebirge wie die Alpen in Bewegung ist und somit eine massive Bedrohung für die Täler darstellt, ist nicht neu. Das ist heute noch mehr so als früher, weil der Klimawandel auch dem Permafrostboden, dem »Kitt« zwischen Felsen und Geröll, zusetzt.

Felix Brügger war am 23. August 2017 oberhalb von Soglio Augen- und Ohrenzeuge, wie auf der gegenüberliegenden Seite vom Piz Cengalo (3.369 Meter) 3,1 Millionen Kubikmeter Gestein auf den Gletscher des Massivs stürzten und so starke Murgänge auslösten, dass das Dorf Bondo in Mitleidenschaft gezogen wurde. Neunundneunzig Gebäude wurden beschädigt, ein Drittel war nicht mehr zu retten.

»Wir hatten Glück, dass das nicht in der Nacht passiert ist«, kommentierte ein Dorfbewohner das Unglück.

Inzwischen sind viele Schäden im Dorf wieder behoben. Narben sieht man aber immer noch.

Kein Glück hatten acht Bergwanderer aus der Schweiz, Deutschland und Österreich, die dem Felssturz von Bondo zum Opfer fielen.

»Aber«, so Paola Gianotti, »es gibt immer wieder lebensgefährliche Versuche, das Felssturzareal zu erkunden.«

In den Nachrichten über die Folgen des Felssturzes und ihre Beseitigung tauchte ein berühmter Name auf: Anna Giacometti, die 2010 Gemeindepräsidentin von Bregaglia wurde. Das Krisenmanagement muss sie ganz gut gemacht haben, denn am 20.10.2019 wurde sie für die FDP-Fraktion in den Nationalrat gewählt. Mit so einem berühmten Namen muss man darauf gefasst sein, gefragt zu werden: »Sind Sie verwandt mit den berühmten Giacomettis, insbesondere auch mit Alberto Giacometti?« Alberto (1901 – 1966) wurde durch seine extrem schmalen Plastiken weltweit bekannt. Annas Großmutter soll eine Cousine von Alberto gewesen sein ...

Die schönen Künste gehören also auch zum Bergell, das als »Tal der Giacomettis« einen attraktiven Beinamen trägt.

www.bregaglia.ch

Die andere Talseite mit dem Piz Cengalo: Schön und gefährlich!
Heute ist das Gebiet unterhalb des Piz Cengalo großräumig abgesperrt.

Unterengadin: Die letzte Ecke (II)

Wie schellt man den Winter aus dem Tal?

Manche Ereignisse kündigen sich mit einem speziellen Geräusch an. In Ardez ist es Ende Februar das Knallen der Peitschen, die große und kleine Jungs auf dem Schulhof zwei Tage vor dem Ereignis hin und her schwingen.

Das dominante Geräusch des Ereignisses, das den frühen Morgen und den Vormittag des 1. März ausfüllen wird, ist aber das Schellen und Läuten von Glocken. Der Winter wird ausgetrieben.

Dieser Brauch ist weit über die Region hinaus bekannt geworden, insbesondere durch die Figur des »Schellen-Ursli«, eines kleinen Jungen aus Guarda. Er bekommt, so der Auftakt der Geschichte, zu Beginn der Aktion die kleinste Glocke, wird verspottet, ärgert sich, besorgt sich in einer mutigen Aktion die größte Glocke und steigt zum Helden auf. Und das ist er bis heute.

»Schellen-Ursli« als Mutmacher im Unterengadin

Der Bündner Maler und Zeichner Alois Carigiet (1902 – 1985) und die Engadiner Dichterin Selina Chönz (1910 – 2000) kreierten mit dem »Schellen-Ursli« eines der berühmtesten schweizerischen Kinderbücher. Es wurde nach dem Zweiten Weltkrieg über eine Million Mal weltweit verkauft. Die beiden Künstler haben Guarda mit seinen wunderbaren Fresken einen schönen Dienst erwiesen. Carigiet diente das stattliche Haus 51 als Vorbild, und unter der Hand mutierte es über die Jahre zum Elternhaus von Ursli.

Die Geschichte (oder ist es ein Märchen?) ist schnell erzählt und in zahlreichen Publikationen mit dem Thema »Schellen-Ursli« nachzulesen. So z.B. im Taschenbuch von 2009, herausgegeben von der Orell Füssli Verlag AG.

»Heut geht er eine Glocke borgen, zum Fest des Glockenumzugs morgen. Er möchte eine grosse haben, drum geht er mit den grossen Knaben.«

Klar, er bekommt die kleinste Glocke und wird beim Umzug als Letzter durch das Dorf marschieren. »Verlassen sitzt er da zuletzt, vor seiner

Auf geht's – Start zum Chalandamarz in Guarda

Schelle ganz entsetzt«, wohl wissend, dass nur die Kinder mit großen Glocken in den Stuben Süßes und andere Leckereien bekommen. »Er denkt und denkt in sich hinein, da fällt das Maiensäss ihm ein.«

Er macht sich auf den mühsamen Weg zur Berghütte, wo eine große Glocke am Pflock hängt. Erschöpft und mit einem letzten Blick auf die Glocke schläft er ein; die Eltern und das ganze Dorf suchen ihn vergeblich. Am frühen Morgen sind alle froh, als Ursli mit der schönen Glocke vor der Tür steht.

Und das glückliche Ende klingt so: »Nun ist der Glockenumzug da, und wer geht vorne dran? Hurra! Der kleine Ursli, bim, bam, bum, der hat die größte Glocke um!«

Das ist eine schöne Aschenputtel- oder Goldmariegeschichte, die letztlich von den Möglichkeiten der »Kleinen« und der »Außenseiter« kündet. Allerdings irritiert diese traumhafte Geschichte auch etwas, wenn man weiß, welche strengen Hierarchien und Regeln es beim Chalandamarz gibt, bei dem es nach Alter geht, wo man sich »hochdienen« muss und wo Mädchen lange Zeit nicht dabei sein durften oder nur eine Nebenrolle spielten. Aber vielleicht dient das »Schellen-Ursli« auch als Beispiel und zeugt von der Sehnsucht im Unterengadin, die engen Grenzen und Schranken im Kopf und im Handeln, die es immer noch gibt, zu überwinden.

Es gibt neben dem Peitschenknallen und dem Schellen der Glocken ein drittes »Geräusch«, das den Chalandamarz ausmacht. Es ist das Singen von Liedern mit rätoromanischen Texten. Jedes Dorf hat sein eigenes Repertoire.

Curdin Samuel Brunold ist in Ardez seit 1972 Lehrer. Er sei ein klassischer Dorfschullehrer der »alten Schule«, sagt er, ein Mehrkämpfer, der die ganze Unterrichtsbandbreite abdeckt. Und er leitet auch engagiert und liebevoll die Gesangsproben für das große gesellschaftliche Ereignis am 1. März. Die Kinder und Jugendlichen zwischen sieben und fünfzehn bemühen sich hörbar. »Aber wir kommen hier an Schranken, auch weil nicht mehr alle Stimmlagen besetzt werden können.« Es gab und gibt sowohl in Ardez als auch in den Nachbardörfern zu wenige Kinder, um die Lieder so zu singen, also z. B. mehrstimmig, wie es die Tradition verlangt. »Wir müssen uns anpassen«, sagt Brunold, was einige »Bewahrer« nicht verstehen wollen. Es gab in der jüngeren Vergangenheit Jahre, in den 1990ern waren es sieben, in denen kein Kind geboren und in der Folge auch nicht eingeschult wurde. »Personalmangel« beim Chalandamarz war die Folge und auch ein Grund dafür, dass Mädchen mehr einbezogen wurden. Das weibliche Geschlecht als »Notnagel«? Ja vielleicht, aber nicht nur. Seit 1972 gibt es immerhin das Frauenwahlrecht ...

»Neben dem Singen wollen wir auch die Funktionen beim Chalandamarz besetzen. Und da geht es tatsächlich zuerst nach Alter«, sagt Lehrer Brunold. Das sind »Il signun«, der Senn. Er ist der Chef und verantwortlich für die Liederauswahl und für das Anstimmen. »Il chandan«, der Zusenn, sozusagen der Assistent, der auch das Rückengestell mit einem Käseleib trägt. »Il paster«, der Hirt mit der Peitsche, und »Il Puob«, der Knabe, der befiehlt, wann geläutet wird und wann der Umzug weitergeht. Die »Mattas chaschieras« sind die vier ältesten Mädchen, die Geld für die Schulklasse und für die Bezahlung der Tanzmusik am Abend sammeln.

Was heute wie Spaß aussieht, war ja wirklich in früheren Zeiten eine Angelegenheit mit ernstem Hintergrund, die mit den Jahreszeiten zusammenhing. Ihr Verlauf bestimmte oft über Hungersnöte oder bescheidenen Wohlstand. Ein zu langer Winter konnte katastrophale Folgen haben. Und es waren die Männer, der Senn, der Zusenn oder der Hirt, die für Milch und Brot zu sorgen hatten. Deshalb waren sie berechtigt, die wichtigsten Funktionen einzunehmen. Darauf pochen nicht nur die alten »Bewahrer«, sondern auch der männliche Nachwuchs, der natürlich mit den Funktionen auf einen sozialen Imagegewinn hofft.

Rot und Blau dominieren in Ardez am 1. März und einen Tag vorher in Guarda die Straßen und Wege, wenn der Umzug in Reih und Glied durch den Ort zieht. Etwas ruhiger in Guarda, hier sind auch viele kleine Kinder dabei, lauter und spektakulärer in Ardez mit kraftvollen Schellenauftritten unter Regie des »Knaben«. Vielleicht ist der Winter in Ardez auch etwas hartnäckiger.

Der Chalandamarz ist anstrengend, es geht bergauf und bergab, die großen Glocken haben schon einige Kilogramm, die kleinen Kinder trotten mit rotem Kopf hinterher, der Gesang klingt nicht mehr so kraftvoll wie am frühen Morgen. Und so ist eine Pause am Bahnhof von Ardez angesagt. Am 1. März schmecken wahrscheinlich das Butterbrot und der Tee am besten. Auch Curdin Samuel Brunold ist mit dem Verlauf des Tages zufrieden. Nach über vierzig Dienstjahren geht er bald in Rente, will dann auch in die große, weite Welt reisen. Wieso erst jetzt? Das hängt mit seiner Rolle als Dorfschullehrer zusammen, der in viele soziale Beziehungen und

Verpflichtungen eingebunden ist. Und das eben ganzjährig, auch in den Schulferien.

Lebendige Tradition braucht Veränderung

Natürlich wird der Mittsechziger die »Tür« nicht zumachen, zu sehr beschäftigen ihn die Zukunftsprobleme des Unterengadin, die sich eben auch im Chalandamarz widerspiegeln. An erster Stelle das Nachwuchsproblem, die demografische Entwicklung in Form der Abwanderung, aber auch viele enge traditionelle Denkweisen. Das bestätigt auch Niculin Meyer aus Scuol, er ist dreißig Jahre alt und engagierter Touristiker der Region. Die lange Abgeschiedenheit des Unterengadin hat die Menschen natürlich geprägt, und die Weit- und Weltsicht endete mitunter im nächsten Dorf. Andererseits war bis zur Eröffnung des Vereinatunnels im Jahre 1999 die Region im Winter schwer erreichbar, was dem Erhalt der Traditionen, auch des Chalandamarz, zugutekam. Hier gibt es eine der ursprünglichsten Regionen der Schweiz. Die Gewinnung von Zuwanderern ist für den Lehrer und Touristikfachmann ein wichtiges Mittel, um die Dörfer lebendig zu halten. »Pro Guarda« heißt eine Stiftung, der es vor einiger Zeit gelungen ist, Familien mit Kindern (!) aus dem »Unterland« dafür zu gewinnen, hier eine neue Existenz aufzubauen. Zu den »Pionieren« gehört Verana Jordan, die eine geräumige Töpferei und ein Keramikatelier betreibt und Kurse anbietet. Ihr Markenzeichen sind Kühe und Ziegen in Raku-Technik, bei der die glühenden Figuren aus dem Ofen genommen und in Sägespäne gelegt werden. Durch die Temperaturunterschiede entstehen Risse, die sich schwarz verfärben.

Die alte Schmiede in Guarda lebt wieder. Über der Tür steht »Fushina Fabricada Anno 1836«. Hier zeigt Thomas Lampert, wie hochwertige Messer geschmiedet werden, und in seinem Haus im nahen Giarsun präsentiert er die ganze Vielfalt seiner originellen Schmiedekunst. »Wir sind angekommen«, freuen sich der Familienvater und seine Frau, die übrigens aus der Lausitz in Ostdeutschland kommt.

Neue Ideen und Lebensformen, die die »Zugereisten« – wie die Töpferin, der Schmied und andere – mitbringen, prallen mitunter bei Einheimischen auf alte Vorstellungen. Niculin nennt sie vorsichtig »Bewahrer«.

Curdin Samuel Brunold nennt die andere Seite ebenso zurückhaltend »Erneuerer«. »Vorsichtige«, setzt er hinzu.

Die Erneuerer kommen dabei nicht immer von außen. Brunold und Meyer gehören zu dieser Gruppe.

Auch weil sie wissen, dass Traditionen nur überleben können, wenn Offenheit für Veränderungen da ist. Der Chalandamarz ist dafür ein gutes Sinnbild.

■ PS: Der Chalandamarz geht weiter. Der Schellen-Ursli lebt!

Dieses Postskriptum kann ich eigentlich kurz halten, denn es steckt als Zusammenfassung schon in der Überschrift. Was bei meinem Besuch im späten Winter 2013 noch als Fragezeichen über dem schönen Marsch der Kinder in ihren rot-blauen Kostümen lag, hat sich wieder in ein kräftiges Ausrufezeichen verwandelt. Das Fragezeichen war: Wird es genug Kinder und Jugendliche geben, um den Chalandamarz auch in Zukunft durchführen zu können?

2019 haben an dem Umzug zwischen Guarda und Ardez zwanzig Kinder und Jugendliche teilgenommen. Sie haben an zwei Tagen ihre Glocken geläutet und mit der Peitsche geknallt. Richtig laut, damit der Winter wirklich abhaut und dem Frühjahr Platz macht.

»Das ist für uns alle, also für Groß und Klein, ein wirklich wunderbarer Brauch!«, erzählt mir Anna-Madlaina Jordan, Veranas Tochter, aus dem Keramikatelier in Guarda am Telefon. Ihre beiden Kinder, ein Junge und ein Mädchen (sieben und neun Jahre alt), sind inzwischen auch beim Chalandamarz dabei.

2020 musste die offizielle Runde leider ausfallen. Der Grund war die Infektionsgefahr durch das Coronavirus. Aber der Brauch wird wieder aufgenommen, ist sich die junge Frau sicher.

In dem an Österreich grenzenden Ort Scuol (ca. viertausendsiebenhundert Einwohner) treffe ich im September 2019 Valeria Pitsch, die in der größten bündnerromanischen Gemeinde eine Lehre in der Tourismusbranche absolviert. Sie bestätigt die Lebendigkeit des Brauches zu Ehren des Schellen-Urslis. Zu erleben ist er Ende Februar/Anfang März mit einer reichen Vielfalt in den einzelnen Orten.

Die Neunzehnjährige hatte als Erstklässlerin Premiere beim Chalandamarz und war dann über ein halbes Dutzend Jahre immer mit Stolz und Begeisterung dabei. »Auch wenn die zwei Tage der Präsentation ziemlich anstrengend waren«, gibt sie gern zu. Tatsächlich werden die Glocken mit zunehmendem Alter immer größer und schwerer.

Valeria Pitsch schwärmt vom Chalandamarz

Ehrentitel Dorfschullehrer

Schließlich erreiche ich Anfang März 2020 telefonisch einen der ältesten und rührigsten Organisatoren des Chalandamarz in Ardez: Curdin Samuel Brunold, heute siebzig Jahre alt. Er war bis zu seiner Pensionierung mit vierundsechzig ein klassischer Dorfschullehrer und wird es dank seiner Autorität und Ausstrahlung ein ganzes Leben lang bleiben.

Es ist ein stolzer Titel, der viele Talente voraussetzt: Unterrichten von mehreren Fächern, mitunter in allen Altersstufen, Organisationstalent, u.a. für den Chalandamarz, und eine hohe Musikalität. Außerdem war und ist Curdin Samuel der Musik- und Chorleiter des ganzen Dorfes. Er macht Musik, wo es geht, und hilft, wo er kann – z.B. auch bei »Burn-out-Patienten«, die zur Rehabilitation in das Dorf kommen.

Wird es in Zukunft noch Dorfschullehrer und damit die Organisatoren der Bräuche im Unterengadin geben? Eine Zentralisierung der Schulen ist zwingend notwendig. Was wird dann mit dem Chalandamarz?

Dorfschullehrer brauchen auch Optimismus. Und so endet unser schönes Telefonat mit Curdin Samuel Brunolds Worten: »Offiziell gab es den Marsch mit den Glocken und Peitschen dieses Jahr nicht, aber die Kinder und Jugendlichen haben ihn selbst organisiert. Von sich aus und mit Abstand.«

Gibt es ein schöneres Zeichen für die Lebendigkeit eines alten Brauches?

www.unterengadin.ch

Die Schokoladenseite der Schweiz

Typische nationale Produkte sind seit jeher beliebte Motive für Briefmarkendesigner. Ich weiß nicht, ob es in Italien eine Briefmarke in Form einer Pizza gibt. Das würden wahrscheinlich die Normen der »Poste Italiane« nicht hergeben. Eine Schokolade in ihrer rechteckigen Form passt jedoch, und so kam im Jahre 2001 in der Schweiz für neunzig Rappen eine Briefmarke heraus, die zudem nach dem beliebten Genussmittel roch. Ob die Gummierung einen entsprechenden Geschmack hatte, ist nicht überliefert.

War das eine Möglichkeit für schweizerische PostbotInnen und Büroangestellte, die für den Postaus- und -eingang zuständig sind, ihrer Schokoladensucht – oder sagen wir mal: ihrem Heißhunger – zu frönen? Wohl kaum. Denn wenn es in einem Land genug Schokolade gibt, dann in der Schweiz. Und so war die Briefmarke wohl eher ein Symbol und eine dezente Botschaft: »Wir sind das Schokoladenland der Welt!« Das würden die zurückhaltenden Schweizer so nicht herausposaunen, aber es ist so.

Glanzpunkte mit Kakao

Die »Schokoladenseite der Schweiz«, also das, was man bei aller Bescheidenheit gern vorführt und womit man wirbt, kann sich sehen lassen und präsentiert sich in einer breiten Palette.

Der Pro-Kopf-Verbrauch ist hier 2012 mit 11,9 Kilogramm im internationalen Vergleich am höchsten, gefolgt von Deutschland (2010) mit 11,6 Kilogramm. Zum Vergleich: Die US-Amerikaner und die Japaner genießen 5,3 bzw. 2,1 Kilogramm pro Kopf. Hinzu kommen allerdings die Tafeln bei ihren Schweizbesuchen, die letztlich, um statistisch exakt zu bleiben, vom Pro-Kopf-Genuss der Schweizer abgezogen werden müssten. Schweizer Schokolade ist nicht nur ein Markenzeichen der Eidgenossenschaft, sondern auch ein kräftiger Wirtschaftsfaktor. Von den 2012 produzierten 172.376 Tonnen gingen sechzig Prozent in den Export in hundertvierundvierzig Länder. Neben der Menge besticht die Schokolade aus dem Alpenland durch eine traditionelle und moderne Vielfalt in hoher Qualität.

Schokoladenland Schweiz

Heute sind alle achtzehn Schokoladenproduzenten Mitglied bei CHOCOSUISSE. Dieser Verbund, so die Einschätzung von Direktor Dr. iur. Franz Urs Schmid, gehört unbedingt zur »Schokoladenseite«, denn es handelt sich im Grunde um Konkurrenten, die im Rahmen dieses Verbundes an einem Strang ziehen, ohne sich dabei ihre Produktionsgeheimnisse zu verraten.

Die »Schokoladenseite der Schweiz« wurde durch die Experimentierfreude und die daraus entspringenden Pionierleistungen von Schweizer Konditoren, Zuckerbäckern und Apothekern begründet. Beginnend mit François-Louis Cailler (1796 – 1852), der 1819 in Corsier bei Vevey eine Schokoladenmanufaktur eröffnete, gab es im 19. Jahrhundert und bis zur Jahrhundertwende einen Gründungsboom in der Branche, nachzulesen in »CHOCOLOGIE« und weiteren Publikationen von CHOCOSUISSE.

Für diese Zeit stehen u. a. Philippe Suchard, Jacques Foulquier, Rudolf Sprüngli-Amman, Daniel Peter, Jean Tobler, Robert und Max Frey oder Henri Nestlé. Neben dem quantitativen Wachstum spielten für diesen Boom und für die internationale Spitzenstellung der Schweizer Schokolade insbesondere zwei Neuerungen eine prägnante Rolle. Die eine war die Erfindung der Milchschokolade durch Daniel Peter, der die Kakaomasse mit Milch verarbeiten ließ und so nicht nur den Geschmack verfeinerte, sondern auch die Kosten des damaligen Luxusgutes senkte. Der Pro-Kopf-Verbrauch von Schokolade betrug in der Schweiz 1905 gerade mal ein Kilogramm. Peters Erfolgsrezept machte in der Branche schnell die Runde. Rudolf Lindt war mit dem Produktionsgeheimnis seiner Neuerung vorsichtiger und konnte von der Entwicklung der »Chocolat fondant«, der Schmelzschokolade, die tatsächlich auf der Zunge zerging, mehr profitieren.

Den ersten Pionieren folgten in den Aufschwungszeiten der Schweizer Schokolade mehr als ein halbes Dutzend weiterer Manufakturen, darunter im Jahre 1929 »Camille Bloch SA«, bis 1934 zunächst in Bern und seit 1935 in Courtelary ansässig.

Zu den ursprünglichen Gebäuden einer Papierfabrik sind weitere Hallen hinzugekommen, die »äußeren Hüllen«. Regula Gerber, verantwortlich für die Kommunikation der Firma, bittet um Vorsicht bei einem Rundgang durch das »Schoko-Schlaraffenland«. Der Umbau dient der weiteren Qualitätsverbesserung und -kontrolle, konkret der Zertifizierung des Produktionsprozesses von der Bearbeitung des Kakaos bis zur Verpackung.

Wie erfinderisch macht Not?

Das bestechende Image der Schweizer Schokolade und ihre weltweiten Erfolge wären sofort zu verstehen, wenn Kakaopflanzen in den Schweizer Alpentälern gedeihen würden.

Aber das ist nun mal nicht so, sondern die Schokoproduzenten sind auf den Import aus den warmen Gegenden unseres Erdballs angewiesen. Im konkreten Fall aus Ghana, der Elfenbeinküste und Ecuador.

Die Produktion von Käse, ja, aber von Schokolade mit Kakao und Zucker, also teuren Importrohstoffen?

Die entscheidende Motivation, sich an dieses Experiment heranzuwagen, so wird vielfach vermutet, ist wahrscheinlich die Vorliebe der Schweizer zur Produktion und zum Konsum von süßen Dingen. Soziale Entwicklungen, wie die Auswanderung und die Ansiedlung von Schweizer Zuckerbäckern aus dem Engadin zunächst in Italien im 18. und 19. Jahrhundert und später in ganz Europa, hatten offensichtlich rückwirkende Synergieeffekte auf die Entwicklung der Schokobranche im Alpenland.

In Kombination mit dem Hang zur Qualität und der Liebe zum Detail haben die genannten Faktoren nicht nur den Mangel an Rohstoffen kompensiert. So auch in Zeiten des Zweiten Weltkrieges, als Camille Bloch, infolge der kriegsbedingten Lieferlücken bei Kakao, 1942 Nüsse in den Produktionsprozess einbezog und so das bis heute bekannte und beliebte »Ragusa« kreierte.

Gehört die enge nationale und internationale Konkurrenz zur Kategorie »Not«? Nein, aber sehr wohl in die Kategorie »Motivation«. Und so ist Daniel Bloch, Generaldirektor von »Chocolats Camille Bloch SA« davon überzeugt, dass die permanente Suche nach kreativen und qualitativ hochwertigen Lösungen das Unterpfand für die Spitzenstellung der Schweizer Schokoladenindustrie als Ganzes und der einzelnen Unternehmen ist. Daniel Bloch, der nach dem Firmengründer Camille, seinem Vater Rolf und gemeinsam mit seinem Bruder Stéphane die Manufaktur in der dritten Generation führt, liebt dieses ständige Bestreben nach neuen Produkten, nach neuen Werbe- und Vertriebswegen. »Wir haben keine große Marktforschungsabteilung, sondern wir beobachten, was die Menschen sagen und wollen.«

Und Schokolade hat viel mit Psychologie zu tun, sagt er, mit Erinnerung oder Belohnung. Das stimmt, kann ich hier einen bescheidenen Beitrag zur Diskussion einbringen. Als Junge war ich spindeldürr und ein schlechter Esser. Also legte meine Tante in die Mitte einer Leberwurstschnitte ein Stück Schokolade, und so musste ich mich zu ihm durchbeißen. Heute, sehr viele Kilogramm später, weiß ich: »In der Not schmeckt die Schokolade auch ohne Brot.«

Die Rückseite der glänzenden Schokoladenfront

Bei so viel Erfolg, bei so viel Glanz der »Schokoladenseite der Schweiz« kommt bei so manchem neutralen Betrachter natürlich Skepsis auf. »Es ist nicht alles Gold, was glänzt« oder »Wo Licht ist, gibt es auch Schatten.«

Bei der Schokobriefmarke ist es klar – die Rückseite ist die Gummierung. Einmal auf den Brief geklebt, sieht man nicht mehr, was darunter ist.

Nein, hinter dem Schoko-Glanzbild verbirgt sich nichts Mysteriöses. Doch natürlich gibt es auch in einer Vorzeigebranche wie der »Schoggi«-Produktion Probleme, Widerstände und Widersprüche. »Aber wir gehen offen und offensiv damit um«, unterstreicht der engagierte Jurist Schmid und bezieht sich beispielhaft auf drei Felder.

Den »Preis«, den Schweizer Firmen für die hohe Qualität ihrer Markenprodukte, so bei Uhren, Messern oder eben auch bei Schokolade zahlen, ist die Auseinandersetzung mit Fälschungen und Kopien. »Hier gibt es klare Regelungen, die wir international konsequent durchsetzen. So mit dem Label ›Schweizer Schokolade‹, das ausschließlich für Schokoprodukte genutzt werden darf, die in der Schweiz hergestellt werden.« Die Notwendigkeit dieser straffen Konsequenz unterstreicht der kämpferische Schmid, indem er einige Beispiele auf den Tisch legt. Darunter die bekannte dreieckige »Toblerone«. Erst beim zweiten Hinsehen entdecke ich: Der Aufdruck heißt »Voblerone«, Schokolade und Verpackung stammen aus Südostasien. Bekannte Verpackung, die Alpen und das Schweizer Kreuz sind gefälschte Verlockungen, die den Kunden schneller zugreifen lassen. Bei Produkten aus der Schweiz, so kalkulieren die Fälscher, kann man nichts falsch machen …

ORIGINAL

COUNTERFEIT

Original und Fälschung

Scharfe Konfrontation um die Kakaobeschaffung

Die Schweizer Schokoladenindustrie deckt den Großteil ihres Bedarfs an Kakaobohnen aus Ghana und der Elfenbeinküste. Zu scharfen Auseinandersetzungen führten der von der Organisation »Erklärung von Bern« (EvB) herausgegebene Schokoguide »Die Wahrheit über Schweizer Schokolade« und der darin enthaltene Vorwurf: »Die Schweizer Schokoladenfirmen und -händler produzieren nach wie vor zu großen Teilen unfair.« Und im Rahmen der »Schoggikampagne 2013« kündigt die »EvB« an: »Die versprochenen Maßnahmen für mehr Transparenz und gegen Kinderarbeit werden wir auch in Zukunft genau verfolgen, denn von unserem eigentlichen Ziel – einem würdevollen Leben der Familien im Kakaoanbau – sind wir noch weit entfernt.«

CHOCOSUISSE stellt diesen Vorwürfen die intensiven Bemühungen um ein sozialethisch verantwortliches Handeln entlang der ganzen Wertschöpfungskette und den »Kodex der Schweizer Schokoladeindustrie für die Kakaobeschaffung« entgegen und erwartet Dialog statt Konfrontation.

Die Kommunikations-Spezialistin Regula Gerber und Daniel Bloch zählen konkret auf, wie sich »Chocolats Camille Bloch SA« um die faire Kooperation mit den Kakaoproduzenten und auch den Nusslieferanten aus der Türkei bemüht, von der Transparenz des Kakaoanbaus über Qualifikations- und Unterstützungsprojekte für die Familien vor Ort bis zur Reise in die Anbaugebiete, um sich unmittelbar ein Bild zu machen und daraus entsprechende Entscheidungen abzuleiten.

Das dritte Problemfeld der Schweizer Schokolade wird in einer Pressemitteilung überschrieben: »Zartbitteres Schoggi-Jahr 2012 wegen des starken Frankens«. Mit fast zwei Dritteln Exportanteil mussten die Schokoladenproduzenten 2012 gegenüber dem Vorjahr sowohl mengen- als auch wertmäßig Verluste hinnehmen.

Im Ausklang der Pressemitteilung vom Februar 2013 heißt es: »Im Jahr 2013 hoffen die Schweizer Schokoladehersteller, den Marktanteilsverlust des Jahres 2012 auf dem auf hohen Niveau gesättigten Inlandmarkt wettzumachen und im Exportgeschäft wieder zuzulegen.«

Diese Zuversicht ist mehr als »ein Pfeifen im Walde« und basiert offensichtlich auch auf den Erfahrungen der nun bald zweihundertjährigen Geschichte der »Schoggi«-Branche in der Eidgenossenschaft.

So zählt zur »Schokoladenseite der Schweiz« offensichtlich auch die Lösung von natürlichen und technologischen, aber auch politischen und außenwirtschaftlichen Widersprüchen. Und nicht selten auf einer neuen Stufe und in einer neuen Qualität.

■ PS: Wie wird das »Gold« der Schweiz geschützt und präsentiert?

Warum denke ich, als ich zum wiederholten Male die Büroräume von CHOCOSUISSE am Berner Münzgraben besuche, an Fort Knox, an den Hochsicherungskomplex, in dem die Goldreserven der USA lagern? Ist die Schoggi in gewisser Weise das Gold der Schweiz?

Im übertragenen Sinne wohl schon. Mit den Schokoladenprodukten sind eine Wertschöpfung von 1,8 Milliarden Schweizer Franken und fünftausend Arbeitsplätze verbunden. Das scheint nicht viel zu sein, hat aber für das eidgenössische Selbstverständnis, für das Image und die Außenwirkung außerordentliche Bedeutung. Der »Schoggi-Bonus« der Schweiz existiert also nach wie vor.

»Hüter« des Schokoladenschatzes der Schweiz ist Urs Furrer, der nach der Pensionierung von Dr. Urs Schmid die Geschäfte von CHOCOSUISSE übernahm und zugleich eine neue Generation verkörpert. In zwei Gesprächen im März und Mai 2019 bekam ich einen Eindruck von der zunehmenden Vielfalt und Kompliziertheit des strategischen und des Tagesgeschäftes.

Dabei gehört der Schutz der Herkunftsbezeichnung »Schweizer Schokolade« seit vielen Jahren zum Kerngeschäft von CHOCOSUISSE, und dank intensiver Nachforschungen ist ein Rückgang der Fälschungen und Missbräuche zu verzeichnen.

Bereits am 1. Februar 2017 konnte Urs Furrer dem »Tages-Anzeiger« sagen: »Die Zahl der Hersteller, die an der Süßwarenmesse (ISM Köln) möglicherweise zu Unrecht mit der Schweiz werben, ist gesunken ... Die Schokoladehersteller wissen, dass sie einen Brief von uns erhalten, wenn sie zu Unrecht mit einem Schweizer Logo werben.«

2018 musste die Geschäftsstelle gegen sechzig Fälle von Markenanmeldungen vorgehen. »Sünder« wurden vor allem in Südamerika, Indien,

China und Südostasien registriert. In zahlreichen Fällen gab es eine einvernehmliche Lösung mit den Markenanmeldern. Aber Versuche gibt es immer wieder ... Summa summarum: Das Bewahren des Schokoladenschatzes der Schweiz ist viel schwieriger als der Schutz der Goldreserven.

Weitere komplexe und komplizierte Aufgabenfelder

Neben dem Markenschutz hat die Geschäftsstelle am Münzgraben weitere komplexe und komplizierte Aufgaben zu lösen. Oftmals geht es darum, die Rahmenbedingungen so zu gestalten, dass das Unternehmen sowohl wettbewerbsfähig bleibt als auch international Akzeptanz findet.

»Zucker« und »Milch« sind hier beispielsweise konfliktreiche Stichworte. Gesucht werden Maßnahmen gegen die Nachteile, die das Wegfallen des »Schoggi-Gesetzes«, das bis Ende 2018 den agrarpolitisch bedingten Nachteil der Exporteure ausglich, mit sich bringt.

Übrigens gewinnt der Export von Schokoladen-Erzeugnissen auch angesichts der Abnahme des Inlandsverbrauchs mehr und mehr an Bedeutung. 2018 wurden in der Schweiz über hundertneunzigtausend Tonnen Schokolade produziert, knapp hundertvierzigtausend davon für das Ausland.

In den Gesprächen mit Urs Furrer und im Geschäftsbericht 2018 wird klar, dass der Münzgraben 6 keine »Trutzburg« ist, sondern deutlich mehr offensive und konstruktive Aufgabenfelder hat, als das Unternehmen zu schützen. Stichworte sind hier u.a. die Aktivitäten in der »Schweizer Plattform für Nachhaltigen Kakao«, die Informationskampagne »Esprit Chocolat«, Handelsabkommen, u.a. auch mit Großbritannien (Brexit), ebenso wie soziale Themen wie die unproblematische Kooperation mit der Gesamtarbeitsvertretung oder Maßnahmen in der Aus- und Weiterbildung.

www.chocosuisse.ch

Eine sehenswerte und schmackhafte Präsentation in Courtelary

»Schade ...«, sagte ich beim ersten Besuch der Chocolaterie Camille Bloch in Courtelary vor einigen Jahren, als Daniel Bloch erklärte, dass es die Führungen durch die Produktionsräume in Zukunft nicht mehr geben werde.

Kompliment, dachte ich, bei der »Entdeckung« des Besucherzentrums »CHEZ Camille Bloch«, das gemeinsam mit neuen Logistik-, Produktions- und Verwaltungsräumen nach einer Vierzig-Millionen-Franken-Investition im Oktober 2017 eröffnet wurde. Das waren eine Idee und eine Investition, die nicht nur die Produktion der Bloch-Schokoladensorten transparent machen, sondern es bleiben auch zwei ganz entscheidende traditionelle Attraktionen bestehen, die in das Schokoladenparadies locken: das kostenlose Probieren und das günstige Einkaufen von Schoko-Produkten.

Hinter den Neuerungen stecken Ideen, die weit über das Kulinarische hinausgehen, wie das Generationenprojekt »Authentic-Cité«, das authentische und aktive Begegnungen zwischen Kunden und Mitarbeitern ermöglicht. Ergänzt wird das durch klassische museale Momente wie den Blick auf die Geschichte der Manufaktur Camille Bloch, die 2019 ihr neunzigstes Jubiläum feierte. Zu bewundern ist u.a. das nachgebildete Arbeitszimmer des Firmengründers.

Die Umsetzung des neuen Ideen- und Investitionspakets hat neben den Besuchern – über hunderttausend Menschen haben das Zentrum im ersten Jahr nach der Eröffnung besucht – zwei weitere Gewinner: die Belegschaft selbst, die um mehr als dreißig Stellen auf zweihundert aufgestockt wurde, und die Region »Jura & Drei-Seen-Land«.

Die Manufaktur Bloch in Courtelary

Ein wesentlicher Schritt zur Intensivierung der kreativen Mitarbeiterkultur ist auch die räumliche Annäherung durch eine Fußgängerbrücke zwischen der Produktionsstätte und dem Verwaltungsgebäude, die die Überquerung der belebten Straße erspart.

In der Region »Jura & Drei-Seen-Land« in der Westschweiz ist das Zentrum nicht nur eine touristische Bereicherung, sondern man verfolgt auch das ehrgeizige Ziel, unter die Top-Ten-Destinationen zu kommen.

Das Wissen um die Anstrengungen in Sachen Nachhaltigkeit der Manufaktur ist hier sicher ein zusätzlicher Pluspunkt: Durch den Einsatz einer regionalen Hackschnitzelheizung wurde z.B. der Verbrauch von Heizöl um drei Viertel gesenkt.

Es soll ja Leute geben, die Schokolade nicht mögen oder ihren Konsum aus verschiedenen Gründen einschränken. Doch auch für sie lohnt sich ein Besuch in Courtelary, weil hier moderne und komplexe Innovationen zu erleben sind, die auch für andere Branchen ein Modell sein können.

www.chezcamillebloch.swiss

Scharf, schärfer, Schoder

Die Messerschmiede in Thun gibt es seit 1886

Wer mit Messern und Scheren zu tun hat, muss damit leben, dass die Attribute und Metaphern blühen. So werden die »Messerschmiede Schoder« schon einmal zum »schärfsten Laden der Thuner Altstadt« oder der Messerschmied Manfred Schoder zum »Schärfsten Thuner«. Im wortwörtlichen Sinne, denn der Fünfundfünfzigjährige ist Messerschmied.

Wie wird man das? Eine Möglichkeit könnte sein, dass Manfred in seinen Kindertagen bei den Indianerspielen die Rolle des legendären Cheyenne-Häuptlings »Stumpfes Messer« übernehmen musste und daraus sein beruflicher Ehrgeiz entsprang …

Manfred Schoder – geprüft und für scharf befunden …

Nein, bei Manfred Schoder ist die Geschichte recht einfach und folgerichtig. Ihm wurden sein Beruf und seine Berufung in die Wiege gelegt. Sein Vater, sein Großvater und sein Urgroßvater waren Messerschmiede.

Und so steht der kräftige Junggeselle, der Mitte der 1970er-Jahre dreieinhalb Jahre bei dem Messerschmied Gottfried Zaugg in Zollbrück seinen Beruf erlernte, in einer Traditionslinie, die 1886 ihren Anfang nahm. Das war eine Blütezeit des Messerschmiedehandwerks. Manfreds Urgroßvater Fritz Schoder (1863–1930) war, u. a. gemeinsam mit Karl Elsener, dem Gründer von »Victorinox«, ein Aktivist des »Schweizerischen Messerschmiedeverbandes«, den es noch heute als Verband der »Schweizerischen Messerschmied-Meister« gibt. Diese lange Verbandstradition kann natürlich allerdings auch nicht darüber hinwegtäuschen, dass der Beruf des Messerschmieds »ausstirbt«. In der Bundesrepublik Deutschland gab es schon in den 1980er-Jahren vorsichtshalber eine »Namenskosmetik«. Der Messerschmied wurde zum »Schneidwerkzeugmechaniker«.

Die Werkstatt am Aarequai

Der Gründer Fritz Schoder bediente noch die ganze Palette des Messerschmiedehandwerks, von der Herstellung bis zum Schleifen. Mit dem Aufkommen der industriellen Messerproduktion beschränkten sich die Schmiedearbeiten ab Mitte des 20. Jahrhunderts auf Spezialwerkzeuge für Metzger, Bauern, Gärtner oder Tierzüchter. Manfreds Vater Paul produzierte noch Käserindenhobel und Klauenmeißel. Und der Verkauf von Messern, Scheren, scharfen Werkzeugen oder Bestecken wurde mehr und mehr zu einem wichtigen Standbein, und das ist es bis heute.

Manfred Schoder schmiedet heute keine Messer mehr, sondern hier wird repariert, und es geht um »Schärfe«, die man manuell am besten hinbekommt. Ein Spruch an der Werkstattwand stellt die Verbindung von Verkauf und Handwerk her: »Es ist ein guter, alter Brauch, wo repariert wird, kauft man auch.«

Der Messerschmied in der vierten Generation hat kein Problem, wenn man ihm beim Schleifen in der alten Werkstatt am Aarequai zusieht. In seinem blaugrauen Kittel und mit Schirmmütze zündet er sich genüsslich einen langen Stumpen an, steht am Schleifstein mit einem einfachen, aber wirksamen Kühlsystem und hat ein recht intensives Tagespensum. »Zehn bis zwölf Arbeitstage Wartezeit müssen meine Kunden schon einplanen.« Die Auftragslage ist gut, bis zu zweihundert Klingen schärft Manfred Schoder am Tag. Nicht nur die Thuner schätzen die geschliffene Professionalität des Meisters in der ganzen Bandbreite. Auch das Spital lässt hier schleifen. Einen ganzen Sack voll … Aus dem OP-Saal?

»Nein«, lacht Manfred Schoder, »aus der Küche. Auch hier ist für Köche ein scharfes Messer das wichtigste Werkzeug.«

Und in seine Werkstatt und dem darüber liegenden Laden dringt nicht nur mit dem Besuch von Nordamerikanern, Chinesen oder Indern ein Hauch der »Globalisierung«, sondern Schoders bieten inzwischen auch das in der Küche beliebte und aus Japan stammende Santokumesser an.

Natürlich verfolgen Manfred und seine Mutter Hedi die Entwicklung und Nachfrage hochwertiger Messer. Mit ihnen ist z. B. Zwiebelschneiden ohne Tränen möglich, weil durch den scharfen, feinen Schnitt wenig ätherische Öle austreten. Die Aromastoffe bleiben erhalten.

Unprofessioneller Schliff macht das Messer kaputt. Und wenn Manfred Schoder solch ein Messer sieht, kommen ihm dann tatsächlich die Tränen.

Freudigen Glanz in den Augen hat so mancher Besucher mit Interesse an technischer Geschichte, wenn er sich in der Werkstatt umsieht, die ein großes Fenster zur Aare hinaus hat. Unter anderem entdeckt man hier Treibriemen, die an die Zeit der boomenden Industrialisierung erinnern. Sie stammen noch aus Schmiedezeiten und wurden um die Jahrhundertwende durch Wasserkraft der Aare angetrieben.

Der Laden – fünfzig Jahre Arbeitsplatz von Hedi Schoder

Wenige Stufen über der Werkstatt liegt der Laden, dessen Schaufenster zur Oberen Hauptgasse zeigt, von wo die Kunden auch das Geschäft betreten. Hier empfängt sie die freundliche Hedi Schoder, der man ihr Geburtsjahr 1929 nicht ansieht und die mit ihrer Fachkenntnis und mit viel Hintergrundwissen besticht. Das ist ihr Arbeitsplatz seit dem 1. Oktober 1963, als sie nach dem Tod ihres Schwiegervaters gemeinsam mit ihrem Mann Paul Laden und Messerschmiede übernahm. Seitdem hat sie viel dazu beigetragen, dass das Geschäft bei allen Generationen so beliebt und berühmt ist.

Hedi Schoder – gut 50 Jahre an der Kasse

So ist Hedi nicht nur die »Mutter der Altstadt«, sondern auch der Star für viele Kinder. Viele kleinere Kinder bekommen zunächst ein »Kindermesser«, aber die Sehnsucht nach einem richtigen, scharfen Schneidewerkzeug lässt sich von den »Großen« nicht ewig unterdrücken.

Und so mahnt Hedi zur Vorsicht: »Das ist kein Spielzeug.« Im Archiv der Familie Schoder findet sich ein Brief von Christoph aus dem Jahre 2000: »Sie hatten recht. Aber bis jetzt habe ich mir erst einmal in den Finger geschnitten.«

Auch im Laden ist das Interieur sehenswert, sicher in den Jahrzehnten mit Farbe aufgefrischt, aber die alten Bezeichnungen auf den Vitrinen und Schränken sind dennoch lesbar: »Abziehstähle«, »Messerputzmaschinen«, »Versilberte Tafeln« ...

Das »Schweizer Offiziersmesser« – Marke und Kult

Und seit über hundert Jahren gibt es hier das heute berühmte »Schweizer Offiziersmesser«, das, so die Werbung, nicht kaputtgeht. Der Namenszug »Victorinox« steht zentral auf dem großen Schaufenster, und die roten und blauen Messer mit dem Schweizer Kreuz sind in den Auslagen nicht zu übersehen. Das ist kein Schmücken mit fremden Federn – neben der Freundschaft von Fritz Schoder mit »Victorinox«-Gründer Karl Elsener gehörte der Thuner Messerschmied Schoder 1891 zu den ersten Lieferanten des Soldatenmessers an die Schweizer Armee. Als eingetragene Handelsmarke gibt es das »Schweizer Offiziers- und Sportmesser«, das 1890 kreiert wurde, seit 1897, danach gab es z. B. 1908, 1951 und 1961 modifizierte Modelle.

Heute gehört das Messer (gemeinsam mit denen der Firma »Wenger«, die seit 2005 zu »Victorinox« gehört) zu den Markenzeichen der Schweiz.

Schweizer Messer bekommt man inzwischen überall, nicht nur Kopien aus China, sondern auch die echten, gleich neben den unzähligen Uhrenläden in Interlaken, wo sich die ganze Welt zu treffen scheint. Den Kauf solch eines Messers, das ein Leben lang hält, kann man aber auch zelebrieren, und am besten geht das in der »Messerschmiede Schoder«. Auch weil es hier die entsprechende Beratung und eine Namensgravur gratis gibt.

Die Palette von »Victorinox-Messern«, selbst in der Standard-Ausführung mit bis zu drei Dutzend Funktionen, ist inzwischen nahezu unüberschaubar. Es gibt sie für viele Berufsstände und zahlreiche Hobbyaktivisten, für Kellner (mit Kapselhebel), für Camper (mit Stech-Bohr-Nähahle), für Angler (mit Fischentschupper und Angellöser) oder für Entdecker (mit Lupe). Eine kleine Lampe, Kugelschreiber, Cybertools, diverse Digitalfunktionen von der Uhr über das Thermometer bis zum Höhenmesser zeigen bei diversen Spezialmodellen, dass die Designer der Messer Tradition und Moderne verbinden wollen und können. Die »Krönung« kommt von »Wenger«, die vor wenigen Jahren das »Giant Knife« als größtes Taschenmesser der Welt entwickelt haben: 87 Werkzeuge mit 141 Funktionen und 1345 Gramm schwer ... Nun gut. Das Schöne ist, dass der Kunde bei der Auswahl von Taschenmessern König ist, auch wenn er als solcher mit ausgebeulten Hosentaschen durch sein Reich läuft.

Zurück zum Messer. Es ist wahrscheinlich das wichtigste Werkzeug der Menschheitsgeschichte. Und seine Nutzung hat bis heute zwei Seiten, die in einem Sprichwort aus dem Kongo prägnant fixiert werden: »Wo Friede herrscht, wird das Messer zum Rasieren gebraucht.«

»Komisch«, meint Hedi Schoder, »die Nachfrage nach Rasiermessern, die eigentlich gar nicht mehr auf dem Markt waren, ist in letzter Zeit angestiegen.« Das hat natürlich nichts mit der Weltpolitik zu tun, sondern mit den sehr hohen Preisen von Rasierklingen.

Aber vielleicht gibt es manchmal auch Zeichen, die eine kleine Messerschmiede mit nahezu 130 Jahren Tradition in Thun erreichen ...

■ PS: »Wer täglich mit scharfen Klingen hantiert, leistet sich keine Unruhe.«

Wenn man in einem stationären Laden in Thun im Rahmen von geregelten Öffnungszeiten täglich ähnliche Abläufe hat, gibt es über die letzten sechs Jahre nicht allzu viel Neues und Spektakuläres zu erzählen. Das meiste wurde bereits gesagt.

Aber auch über das Glück der Kontinuität lässt sich berichten: Hedi hat im April 2019 ihren neunzigsten Geburtstag gefeiert und hatte hohen Besuch: Carl Elsener, der Urenkel des »Victorinox«- Gründers, hat ihr mit einem großen Blumenstrauß gratuliert. Wochen zuvor hatten Hedi und Manfred Gelegenheit, die Produktionsstätte des berühmten Schweizer Messers in der Victorinox AG in Ibach zu besuchen.

Die Messer mit dem berühmten Kreuz kann man in der Schweiz inzwischen selbst in Souvenirläden oder Kiosken kaufen. Aber es in der Thuner Hauptgasse 64 zu erwerben, ist für viele Schweizer und für Touristen aus Deutschland, den USA oder Japan doch etwas Besonderes, zumal es hier eine Namensgravur vom Meister persönlich gibt.

Bei einem Taschenmesser ist es eigentlich wie bei einer Armbanduhr: Ein oder zwei reichen. Dennoch werden pro Jahr ca. sechs Millionen Schweizer Messer produziert, sechsundzwanzig Millionen Taschenwerkzeuge sowie Haushalts- und Berufsmesser sind es insgesamt. Eine knappe halbe Milliarde Schweizer Franken Umsatz erwirtschaften die über tausend Mitarbeiter in der Schweiz gemeinsam mit noch mal so vielen Kollegen in Brasilien, Chile, Hongkong, Indien, Japan, Mexiko, Polen und den USA.

Keine Werbung?

Hedi steht in ihrem zweiundneunzigsten Lebensjahr noch immer in dem Laden, den es hier in der Hauptgasse seit 1905 gibt. Seit 1963, siebenundfünfzig Jahre!

»Wird das nicht langweilig?« Das ist eine Frage, bei der Hedi einem trotz ihrer sanft-freundlichen Art schon mal einen scharfen Blick zuwerfen kann. »Nein!« Jeder Tag ist neu und interessant: Mit den Kunden aus aller Welt oder mit den Kindern, die von ihr den Umgang mit den Messern lernen.

Schaufenster der Messerschmiede »Schoder«

Oder durch die Kommunikation mit Manfred in der Etage darunter mittels eines Sprachrohrs, das an die Kommandobrücke eines Ozeanschiffes erinnert. Und die Aare rauscht dazu …

Über das Rohr streiten sich Mutter und Sohn auch schon mal. »Aber nicht länger als zwei bis drei Minuten«, sagt der ruhige Vierundsechzigjährige lachend. Hier passt der Satz aus der »Jungfrau Zeitung« vom 1. März 2016: »Wer täglich mit scharfen Klingen hantiert, leistet sich keine Unruhe.»

Hedi und Manfred Schoder

Mutter und Sohn verbindet die gemeinsame Aufgabe, das selten gewordene Handwerk und die »Messerschmiede Schoder« lebendig zu halten und doch noch jemanden zu finden, der dieses wunderbare traditionelle Erbe fortsetzt. »Schwierig, obwohl wir viel Wertschätzung erfahren und auch berühmt sind«, sagen Hedi und Manfred übereinstimmend. »Wir sind gefragt, obwohl wir keine Werbung machen!«

Das stimmt so nicht, denke ich mir, doch bei der Erinnerung an den scharfen Blick sage ich es nicht laut. Es ist keine bezahlte Werbung, aber die beiden sind als Persönlichkeiten, als Kenner ihres Metiers sowie durch ihre jeweils eigene Art der Kommunikation und durch ihren Umgang mit ihren Kunden die beste Werbung. In zahlreichen Berichten in Printmedien, im Radio oder im TV zu den Jubiläen ernten sie gern die Früchte ihrer Lebensleistung. Dazu gehörte 2016 das hundertdreißigste Jubiläum der »Messerschmiede Schoder« mit einem »Tag der offenen Tür« sowie eine fünfunddreißigminütige Talkrunde im SRF am 3. Juli 2017 mit dem Titel »Der letzte Schliff«. Besser geht's nicht!

www.messer-schoder.ch

Mein Freund Franz

In Kindertagen war es mitunter üblich, den Banknachbarn oder Mitspieler zu fragen: »Willst du mein Freund sein?« Das haben wir, der Franz und ich, uns mit Mitte bzw. Anfang vierzig nicht mehr gefragt, dennoch verbindet uns seit nunmehr fast drei Jahrzehnten eine gute Freundschaft. Aufgrund der erheblichen Entfernung von mehr als tausend Kilometern zwischen unseren Wohnorten, der Schweiz und Mecklenburg, sehen wir uns – wenn es geht, sind auch unsere Frauen dabei – im Jahr drei bis vier Mal: im Berner Oberland, in Unterkulm, in Zürich, in Berlin, am Tollensesee oder an der Ostsee. Das klingt nicht nach viel, doch es sind stets sehr gesprächsintensive Tage. Wenn wir uns nicht sehen, lesen wir unsere Texte, telefonieren oder schreiben uns. Ohne Franz würde es diesen Band nicht geben. Seine Schlüsselrolle für meine Schweiz-Beziehung habe ich im Einstieg beschrieben.

Was ist ein »richtiger« Schweizer?

Der Franz ist ein Eidgenosse, wie man sich einen richtigen Schweizer in Deutschland vorstellt: groß und kräftig, ruhig und gelassen in seinen Bewegungen und in der Sprache, die zurückhaltend daherkommt. Außerdem raucht er seit mehr als einem halben Jahrhundert Pfeife. Der in Sursee im Kanton Luzern Ende 1945 Geborene ist ein »Naturschweizer«, das heißt, er kennt sich aus. Den eigenen starken Schnupfen bekämpft er, indem er sein blau-weiß kariertes Schnupftuch auf einen Ameisenhaufen legt und es dann verwendet. Die lindernde Wirkung der Ameisensäure ...

Bei Bergwanderungen im Frühling, Sommer oder Herbst benennt er die heilenden und blühenden Pflanzen mit ihren Namen. Nicht alle, aber sehr viele. Dabei beweist er mitunter, wie nützlich das eine oder andere Kraut sein kann, für einen Salat oder für einen anregenden Tee.

Der Mittsiebziger hat lange Zeit in Städten gelebt, auch weil der Psychologe dort seine Brötchen verdienen konnte, beispielsweise in der Jugendarbeit in Aarau oder als Rektor der Fachhochschule für Soziale Arbeit in Basel.

Franz Hochstrasser und Silvia Grossenbacher in Aarau

Nach seiner Zeit als Rektor gründete Franz Hochstrasser eine eigene GmbH in Sachen sozialer Arbeit und war u. a. in Russland und Rumänien tätig. Außerdem hat er ein Buch über das Phänomen des »Konsumismus« geschrieben, das 2013 erschienen ist.

Gute Gründe für ein kommunalpolitisches Engagement

Am 1. Januar 2010 wurde Franz Kommunalpolitiker, Vizeammann, also stellvertretender Bürgermeister, in der Gemeinde Unterkulm – knapp ein Jahr, bevor er mit fünfundsechzig offiziell Rentner wurde. Er war im Sommer zuvor an die Dorföffentlichkeit getreten, hatte sich vorgestellt. Obwohl ihn damals noch niemand kannte, ist er sofort in den konservativen Gemeinderat gewählt worden – und das als Städter, als Zugezogener, als linker Grüner oder grüner Linker!

Er war zuständig für den Bereich »Schule, Bildung und Kultur«, und die Badeanstalt gehörte – wohl unter dem Titel »Körperkultur« – ebenfalls zu seinem Ressort. So stand es zumindest im Pflichtenheft, aber es ist viel mehr geworden, wie wir in der Bilanz seiner politischen Karriere sehen werden.

Gemeindehaus und Kirche in Unterkulm

Zwanzig bis dreißig Prozent der Wochenarbeitszeit müsse er investieren, wurde ihm am Anfang gesagt. Es wurden dann in der politischen Wirklichkeit mehr als die Hälfte seines Zeitbudgets. »Auch an den Abenden von Montag bis Donnerstag war ich in der Regel unterwegs.«

Warum hat er das, sozusagen als Ruheständler, getan?

»Ich habe mich seit meinem Studium an der Freien Universität in Berlin in den 1970er-Jahren immer politisch engagiert. Das war einer der

Gründe, mich in meinem neuen Lebensmittelpunkt aktiv einzubringen.« Ein zweiter Grund war, hautnah zu erleben, wie Kommunalpolitik und die vielgerühmte direkte Demokratie in der Schweiz funktionieren.

Und schließlich ist der Vizeammann ein sozialer Mensch und nicht dafür geeignet, sich zurückzuziehen. »Ich brauche und schätze den Kontakt mit den Leuten im Dorf.«

Wie ist der Eindruck nach seinen politischen Jahren im Dorf? Die Politik an der Basis funktioniere gut und im Grunde auch die direkte Demokratie. »Das überrascht und freut mich. Es ist viel Transparenz da, Korruption gibt es nicht.«

Und der Kommunalpolitiker Hochstrasser konnte während seiner Mandatszeit etwas bewirken. Ohne ihn wären bestimmte Themen nicht angegangen worden, zum Beispiel die konsequente Entscheidung für erneuerbare Energien. Dank ihm hat Unterkulm heute ein entsprechendes »Energiestadt-Label« vorzuweisen.

In Unterkulm leben etwas über dreitausend Menschen, mehr als ein Viertel (sechsundzwanzig Prozent) davon haben ausländische Wurzeln. Nun kann man darauf warten, dass sich Integration früher oder später von selbst einstellt, oder man kann dem Thema aktiv begegnen, zum Beispiel mit der »Interkulturellen Kommission«, die aus elf Leuten besteht, darunter ausländische Mitbürger und gebürtige Schweizer, Arbeitgeber und Arbeitnehmer, Behinderte und Nichtbehinderte, Frauen und Männer.

»Ich war der Älteste, der ›Opa‹, vertrat also praktisch die Senioren«, verrät Hochstrasser schmunzelnd. Eine Telefonauskunft für ausländische Mitbürger in Serbokroatisch, Türkisch oder Albanisch gehört ebenso auf die Habenseite des Vizeammanns wie der Versuch der Installierung eines interreligiösen Gesprächs.

Franz war, ist und bleibt politisch

Es passt zu Franz, dass er sowohl während seiner mehr als vierjährigen Zeit als Kommunalpolitiker als auch danach ein kritischer und analytischer Beobachter der politischen Wirklichkeit war und ist. So stolpert er immer wieder über die zu geringe Teilnahme an der direkten Demokratie, die fehlende Einflussnahme auf die Entwicklung des Gemeinwesens durch die Bürgerinnen und Bürger. Das reicht von der Nicht-Nutzung der Einsichtnahme in die Protokolle des Gemeinderates bis zu der mit zwei Prozent der Stimmberechtigten äußerst geringen Beteiligung an der zweimal im Jahr stattfindenden Gemeindeversammlung.

Das ist sicher der zunehmenden Politikmüdigkeit geschuldet, unterhöhlt aber das System der schweizerischen direkten Demokratie, die sich nicht nur auf Referenden und Volksabstimmungen beschränkt. Der Grundgedanke, sich für das Gemeinsame, für die Gesellschaft, für das Genossenschaftliche in der »Eidgenossenschaft« einzusetzen, verliert an Kraft.

»Ich staune aber, wie Leute, wenn es ihnen um ein persönliches Anliegen, zum Beispiel im Zusammenhang mit dem eigenen Grundstück geht, aktiv werden. Mich beunruhigt diese Tendenz vom ›Wir zum Ich‹ bzw. zur egoistischen Individualisierung. Und das geht oft mit politischem Desinteresse einher. Es gibt Leute, die lesen keine Zeitung, weder in Papierform noch im Internet.« Zeitung lesen steht hier als Sinnbild für das Wahrnehmen von politischen oder sozialökonomischen Zusammenhängen und Notwendigkeiten.

Sieht er das Ende des Modells der direkten Demokratie?

Nein. Franz Hochstrassers Blick geht dabei weit über Unterkulm hinaus. Er kann sich vorstellen, dass Bereiche des gesellschaftlichen Lebens noch viel stärker durch Menschen mitbestimmt werden, die es unmittelbar angeht. Zum Beispiel bei der Strom-, Wasser- und Brotversorgung. Oder bei der Problematik: Wer bestimmt, was wir essen?

Und er stellt die »ketzerische« Frage: »Warum muss die reiche Schweiz sparen?«

Wichtig sei eine Wiederherstellung des Sozialen. Das gehe nicht über Kürzen und Beschneiden, sondern eben auch über die Förderung der Nicht-Privilegierten der Schweizer Gesellschaft. Und das sei natürlich mit Geld verbunden.

Praktisch sieht Franz Hochstrasser hoffnungsvolle genossenschaftliche Ansätze, beispielsweise das »Urban Gardening«, das Nutzen von brach liegenden Flächen zum Anbau von Gemüse und Blumen, und das »Sharing«, also das Teilen von Autos oder Wohnraum. In seinem Buch »Konsumismus. Kritik und Perspektiven« hat er solche und weitere Ansätze als Keime einer grundlegend veränderten Wirtschafts- und Konsumform ebenso skizziert wie in seinem 2017 erschienenen Buch »Dem Übermaß mit Maß begegnen. Essays über Konsum, Verzicht und Genügsamkeit«. Der Soziologe Ueli Mäder wählt als Überschrift zum Vorwort »Genug ist genug!« Es sind Alternativen zum gegenwärtigen wachstumsorientierten System, das letztlich auf die globale Ressourcenvernichtung hinauslaufen muss.

Seine Thesen stoßen bei Buchvorstellungen in Aarau, Basel, Potsdam oder in Berlin auf reges Interesse. Er fasst zusammen: »Diskussionen sind das eine, Handeln das andere. Zum Beispiel in Unterkulm.«

Franz Hochstrasser hat in vier Jahren als Vizeammann »gehandelt«. Nicht alles bleibt nachhaltig, aber die Energie- und Littering-Kommission, die stark durch sein politisches Wirken geprägt waren, haben Bestand.

Stopp an Europas Transitberg

Durch die Gotthard-Region führt nicht nur der Weg, sondern sie ist auch ein Ziel

Nein. Mit der Überschrift sind nicht die obligatorischen Staus oder das Stop-and-go an den Nord- und Süd-Enden des Gotthardstraßentunnels gemeint, die zwar die Verweildauer der Reisenden in der Region verlängern, allerdings ohne wirtschaftlichen Nährwert, aber Gift für die alpine Umwelt sind.

Die Region rechts und links des jahrtausendealten Gotthardpasses nutzen die meisten Reisenden zwar zu einem Zwischenstopp, aber sie wollen möglichst rasch von I wie Italien nach D wie Dänemark und umgekehrt kommen. Und so lautet die Botschaft an potenzielle Gäste zwischen Airolo und Andermatt nicht in erster Linie »Bleibt doch bitte etwas länger!«, sondern »Kommt extra her!«. Nicht der Weg ist das Ziel, sondern das Ziel ist das Ziel.

Es ist ein spannendes Experiment, um dem scheinbar unvermeidlichen Schicksal einer Transitregion die Stirn zu bieten. Jeder »Transit-Fortschritt« verkürzte in der bisherigen Geschichte die Reisezeit und erzeugte gleichzeitig Verlierer. Die Säumer, die jahrhundertelang das Monopol hatten, Reisende über den Pass zu führen, verloren ihre Bedeutung durch den Bau befestigter Straßen und das Aufkommen von Karren und Postkutschen. Die letzte reguläre Postkutsche überquerte 1921 die Passhöhe, der 1882 eingeweihte Eisenbahntunnel machte sie überflüssig. Es ist übrigens hundertfünfzig Jahre her, dass der Bau eines Eisenbahntunnels durch das Gotthardmassiv vertraglich fixiert wurde. Hotels auf den Pässen oder an den Passstraßen hatten und haben Mühe, zu überleben. Die alte Passstraße, die heute noch mit dem Pkw befahrbar ist, wurde durch den Bau einer autobahnähnlichen Trasse ab 1967 zum touristischen Sommererlebnis. Das Nutzen der neuen Trasse lohnt sich in der schneefreien Zeit, wenn der Stau vor dem Tunnel mindestens drei Kilometer lang ist.

Und die Region steht vor einer neuen, revolutionären Herausforderung, die zugleich mit einer spektakulären Attraktion für Touristen, Geologen oder Technikbegeisterte einhergeht: dem Bau des Gotthard-Basistunnels.

Ein neuer Superlativ: Der längste Eisenbahntunnel der Welt

»Durchbruch!« Für die Beteiligten muss ein Tunneldurchbruch, exakt heißt es eigentlich »Durchschlag«, ein nicht zu beschreibendes Erlebnis sein. So unter anderem am 15. Oktober 2010, als mit einer kaum wahrnehmbaren Abweichung die beiden Rohbautunnel aus Nord und Süd zusammentrafen. Nachzuvollziehen ist das Ereignis in einem Film im »Infocentro Gottardo Sud« in der Nähe des Ortes Pollegio.

Hier werden seit zehn Jahren die Baugeschichte und die Effekte des mit siebenundfünfzig Kilometern längsten Eisenbahntunnels der Welt dokumentiert. In wenigen Jahren, geplant ist Ende 2016, wird hier ein Tunnelprojekt übergeben, das revolutionäre Auswirkungen auf den Transitverkehr von Personen und Gütern, aber vor allem auf die Umwelt hat.

»Infocentro Gottardo Sud«
mit einem über neun Meter großen Tunnelbohrkopf

Nicht nur Zeit wird gespart, die Reisezeit im Hochgeschwindigkeitszug verkürzt sich von Zürich nach Mailand auf unter drei Stunden, sondern der bisher mit Lastkraftwagen realisierte Güterverkehr soll auf die Schiene verlagert werden. Damit wird die jahrhundertealte Überquerung oder Durchdringung des Gotthardmassivs als wichtiger Handels- und Kulturweg zwischen dem Mittelmeerraum und dem nördlichen Europa einen vorläufigen Abschluss finden. Und was passiert dann mit der Region?

Neue Ideen sind gefragt

Ein »Durchschlag«, oder bleiben wir bei dem Begriff »Durchbruch«, ist beim Tunnelbau in der Regel ein Akt für die Ewigkeit. »Durchbrüche« gibt es auch in anderen Branchen, nur dass es hier, wenn man nicht aufpasst, durchaus wieder zu »Einbrüchen« kommen kann. So auch im Tourismus.

Die Schweiz gehört zu den schönsten Ländern der Welt und hat eine ausgezeichnete Infrastruktur. Kritische Geister mahnen immer wieder, sich nicht auf dem privilegierten natürlichen Reichtum auszuruhen und nicht bei Investitionen in die Infrastruktur und in Ideen zu sparen.

Und es kommt noch die geschilderte Transitsituation dazu, über die man sich in Andermatt sehr bewusst ist. Der Ort ist dank des Gotthardpasses rasch zu erreichen, aber man fährt auch schnell daran vorbei! Neue Ideen und Taten braucht die Gotthard-Region!

Die gebürtige Niederländerin Marja Nieuwveld, Produktmanagerin der Region »San Gottardo«, brennt für zwei große Projekte, die im Sommer 2012 Premiere hatten.

Das ist zum einen der »Vier-Quellen-Weg« zu den Ursprüngen der Flüsse Rhein, Rhone, Reuss und Ticino. Der achtundsechzigjährige Paul Dubacher, der u. a. auch 1991 den inzwischen legendären »Weg der Schweiz« kreierte, ist »Erfinder« dieses touristischen Erlebnispakets. Der Weg ist fünfundachtzig Kilometer lang, verbindet die vier Quellen, und man kann das Wanderpaket buchen oder auch selbst zusammenstellen. Seit 2008 wurden zehn Kilometer Wege frisch gebaut, und vierzig Kilometer wurden zeit- und sicherheitsgemäß in Stand gesetzt. Es ist eine reizvolle

»Bündelung«, die Möglichkeit, sich auszuprobieren und eine Menge über den Gotthard als Wasserquelle Europas zu erfahren.

Lohnenswert sind aber auch einzelne Wege, wie z. B. zur Rheinquelle in 2345 Meter ü. M. und anderthalb Stunden Weg vom Oberalppass. Den Pass erreicht man mit der Matterhorn-Gotthard-Bahn, die in dieser Betriebsform 2013 zehn Jahre bestand und auch eine »Bündelung« der Verkehrspotenzen darstellt.

Kostenintensiver ist das zweite Projekt: Zwölf Millionen Franken waren hier notwendig, um im August 2012 ein ehemals über zwei Kilometer militärisch angelegtes Tunnelsystem der Öffentlichkeit zugänglich zu machen. Über einen unscheinbaren Eingang zur »Sasso San Gottardo« betritt man die Felskavernen der ehemaligen Artilleriefestung, die zwischen 1941 bis 1945 gebaut wurden und vor allem als Schutz vor dem faschistischen Italien dienen sollten.

Eine kluge konzeptionelle Entscheidung war es, die bis 1998 funktionierende militärische Anlage nicht nur museal aufzubereiten, sondern auch eine fast philosophisch anmutende Themenwelt zu brennenden Themen unserer Zeit wie Wasser, Wetter und Klima, Mobilität und Landschaft sowie Energie und Sicherheit in Kombination mit futuristischen Ton- und Lichteffekten zu installieren. Aber auch scheinbar kleine Ideen machen den touristischen Kuchen schmackhaft, wie z. B. eine Einkehr im Gasthof »Zum Dörfli« in Hospental-Zumdorf, das den werbeträchtigen Titel »Kleinstes Dorf der Schweiz« trägt …

»Neugierig macht's auf jeden Fall«, sagt die gebürtige Österreicherin Isabella Schmid, die hier mit ihrer Familie die »Dorfbevölkerung« bildet.

Und Marja Nieuwveld träumt von einer anderen Idee: Die Drehorte zu James-Bond-Filmen in der Schweiz, z. B. von »Goldfinger«, werbewirksam zu verbinden. In Andermatt steht am Ortseingang das Hotel »Aurora«, das 1964 noch nicht existierte, eine Tankstelle, an der Sean Connery als 007 war …

Über den Berg: Die Bürgerbewegung »Furkabahn«

Der Schau- und Erlebniswert der alten Furkabahn ist hoch und gehört zum touristischen »Tafelsilber« der Gotthard-Region. Schon lange vor der Abfahrt des Zuges stehen und fotografieren Passagiere und Schaulustige auf dem Bahnhof in Oberwald. Und das Besondere ist natürlich die Lokomotive Nr. 6 aus dem Jahr 1902, die schon unter Dampf steht.

Nach der Abfahrt Richtung Realp gibt es zwischendurch immer wieder bei längeren Pausen in Gletsch oder auf der Furkastation Möglichkeiten, auszusteigen. Der absolute Höhepunkt ist hier in 2160 Meter ü. M. das »Drehen« der Lokomotive auf der Drehscheibe, die Schaffner und Heizer per Muskelkraft bewegen. Der Grund für diese »Drehaktion«: Bergan steht das Wasser im Kessel dort, wo es für die Dampferzeugung gebraucht wird. Bergab würde das Wasser in den vorderen Teil des Dampfkessels fließen, und das Lokomotivprinzip würde nicht funktionieren.

Vorbereitung für die Fahrt über die Furkahöhe

An der Furkastation, dem höchsten Punkt der Reise

Was man bei den Funktionsprinzipien nicht sofort sieht, weil man bei Lokführern, Heizern, Stationsvorstehern und Schaffnern den untrüglichen Eindruck der Professionalität hat: Die Furkabahn wird von circa siebenhundert Ehrenamtlichen, auch aus Deutschland, in »Fronarbeit«, wie es auf Schweizerdeutsch heißt, verrichtet. Dazu gehören die Herstellung der Betriebsbereitschaft nach dem langen Winter mit unvorstellbar hohem Schnee und auch die Arbeit als Zugbegleiterin. »Ich versuche, zehnmal in der Saison dabei zu sein. Eine wunderbare und sinnvolle Abwechslung von meiner alltäglichen Arbeit im Büro«, sagt Sophie Aerni, der man abnimmt, dass diese »Fronarbeit« für sie eine Lust ist.

Die »Dampfbahn Furka Bergstrecke« (DBF) basiert also auf einer »Bürgerbewegung«, die auch große und kleine Spender umfasst, die namentlich in den Wagons aufgelistet sind. Sie entstand nach 1982, nachdem der neue Tunnel durch das Furkamassiv fertig, die alte Dampfbahn scheinbar überflüssig und somit ihr Betrieb eingestellt worden war.

Die Attraktion schmilzt!

Ein Naturschauspiel, das vor hundert Jahren eine Fahrt mit der Dampfbahn zusätzlich bereichert hat, ist heute von der Plattform des Zuges aus nur zu ahnen – der Rhonegletscher. Der heute noch neun Kilometer lange Alpengletscher ging früher bis nach Gletsch. Das war der Hauptgrund dafür, dass hier grandiose Herbergen gebaut wurden. An der Schnittstelle von Grimsel- und Furkapass, wo zunächst Kutschen- und später Bahngäste übernachteten und dinierten, brummte das Geschäft.

Bis, ja, bis die Sensation zu schmelzen begann und der Verfall des Ortes Gletsch drohte.

Auch hier gibt es kein schicksalhaftes Zugucken, sondern Aktivitäten, um den Ort attraktiv zu halten. Zum Beispiel mit dem Betreiben des legendären Hotels »Glacier du Rhone« im Sommer. Und auch im Hotel »Rhonequelle«, das an der Passstraße nach Gletsch liegt, haben der Wirt Peter Kalbermatten und seine Frau Eliane in den letzten fünf Jahren viel unternommen, um Gäste anzulocken. Auch im Winter, wenn die Passstraßen eigentlich nicht passierbar sind.

Natürlich kann man den Rhonegletscher bei einem Abstecher von dem Serpentinenweg Richtung Furkapass immer noch in beeindruckenden Dimensionen sehen. Hier beginnt die Rhone ihren Weg durch das Wallis, der im weiteren Verlauf durch den Genfer See und bis zum Mittelmeer führt.

Am unteren Ende des Eismassivs scheint es so, als ob Christo ein weiteres Verhüllungsprojekt realisiert hätte. Nein, es ist leider kein Kunstwerk, sondern der verzweifelte Versuch, die hundert Meter lange »Attraktion Eisgrotte« vor dem Schmelzen zu retten. Bruno Schaub, achtundzwanzigjähriger Touristiker und leidenschaftlicher Alpinist, den die Viertausender locken, schätzt, dass man diese Grotte mit ihren faszinierenden Blautönen nur noch wenige Jahre genießen kann.

Hier hilft letztlich kein Schweizer Erfindungsreichtum, sondern es sind wohl zusätzlich globale Anstrengungen erforderlich, um dem dramatischen Rückgang der Alpengletscher entgegenzuwirken.

■ PS: Das Licht mitten im Tunnel

Es ist ein Glück für jeden Schreiber, wenn er ein Projekt zu unterschiedlichen Zeiten besuchen kann. Der Gotthard-Basistunnel ist solch ein Projekt, und so habe ich den Tunnel in der Bauphase im Juni 2013 und in seinem vollen Betrieb im Frühsommer 2019 erlebt. Da war er schon seit dem 11. Dezember 2016 in der fahrplanmäßigen Nutzung.

Staunen, Respekt und auch eine Menge »Gänsehaut« ruft die außergewöhnliche Führung von Bruno Pagani hervor. Während seiner Berufstätigkeit war er Chef des E-Werkes, das den Bau der Tunnelsysteme mit Strom versorgte. Heute, als Pensionär und kenntnisreicher Fachmann, erzählt er seinen Besuchern in einem ehemaligen Zufahrtstunnel, der inzwischen als Museumsstollen dient, Geschichten über das Jahrhundertbauwerk und die Leistungen der Mineure.

Bruno Pagani

Der Gotthard-Basis-Tunnel ist mit siebenundfünfzig Kilometern der längste Eisenbahntunnel der Welt. Konkurrenten um diesen Titel sind in der Mache, so z.B. der Brenner-Tunnel, der nach Fertigstellung sechzig Kilometer lang sein soll. Und auch der Gotthard-Basistunnel ist bloß ein Teil des Systems, das die Barriere Alpen in neuen Dimensionen überwindet – oder besser: durchdringt – und damit zwingend notwendige Entlastungen der Umwelt und des überlasteten LKW-Straßenverkehrs bringt.

Kleinere, witzige Effekte können die Besucher vor Ort erleben.

»Jetzt fährt der Zug los«, sagt Bruno Pagani.

Das Geräusch, das Bruno als Erster vernommen hat, klingt wie das Pusten in eine halbvolle Glasflasche. Hier sind das »Tunneltöne«. Bis der Zug an unserem sicheren Beobachtungsfenster vorbeirauscht, dauert es allerdings noch eine Weile.

»Sonst brennt hier kein Licht«, verrät Bruno Pagani, »nur zu den Besuchszeiten.«

Das hier ist also nicht das Licht am Ende des Tunnels, wie es in einer hoffnungsvollen Metapher heißt, sondern ein Licht mitten im Tunnel. »Tunneltöne« oder »Licht im Tunnel« könnten schöne Werbebotschaften sein, kommen aber aufgrund der oft unglaublichen Fakten über den Tunnelbau schwer zum Zuge.

Der Tunnel ist eine Flachbahn mit dem höchsten Punkt auf fünfhundertfünfzig Metern über dem Meeresspiegel, sodass es keine Bergfahrten mehr gibt, für die mehrere Loks nötig waren. Die Züge sind heute schwerer und schneller, brauchen also für die Durchfahrt weniger Zeit.

Im Museumsstollen selbst beeindrucken viele Dokumentationen über die technischen und logistischen Leistungen der Tunnelbauer, der sogenannten Mineure. Hier sieht man vom riesigen Tunnelbohrkopf über das steinharte, aber auch bröselige Innenleben des Gotthards bis zu den Stützträgern, die in Vorversuchen durch den Bergdruck wie Streichhölzer zerborsten sind, viel Interessantes. »Sicherheit zuerst« war hier, mehr als zweitausend Meter unter den Gipfeln des Massivs, oberstes Prinzip – auch bei geologischen Überraschungen, die im Vorfeld nicht erkundet werden konnten.

Keine Überraschung ist, dass der Bau des Tunnels auf der Grundlage eines Volksentscheides 1992 im Rahmen der »Neuen Eisenbahn-Alpentransversale (NEAT)« mit 12,2 Milliarden Schweizer Franken im Finanzrahmen blieb und nach siebzehn Jahren pünktlich fertig wurde. Die

Schweizer würden in Anbetracht dieser Leistung nicht auf die Idee kommen, einen gewissen Flughafen ins Feld zu führen. Aber der Besucher aus Deutschland muss unweigerlich daran denken …

Natürlich wollte ich als Krönung meiner Gotthard-Exkursion eine Tunneldurchfahrt machen. Am Schalter bekam ich den freundlichen Hinweis: »Aber Sie sehen ja nichts!« Macht nichts, habe ich mir gedacht.

Was soll ich nun auf die Frage, wie denn die zwanzigminütige Durchfahrt gewesen sei, antworten? Dunkel! Doch bekanntlich ist im Dunkeln nicht nur gut munkeln, sondern man kann auch hervorragend über das Erlebte und Gehörte nachdenken. Wobei zwanzig Minuten wirklich zu kurz sind …

www.tunnel-erlebnis.ch

Über, durch und auf den Berg

Mobil in der Schweiz (I)

Die Schweizer haben das Rad nicht erfunden. Aber sie haben es so eingesetzt und nutzen es so, dass sie heute, was den öffentlichen Verkehr anbelangt, die mobilste Nation der Welt sind.

Hier bündelt sich, oft auch in spektakulärer Weise, alles, was rollt. Und selbst wenn etwas gezogen wird, wie bei den Zahnrad- oder Seilbahnen, bewegen sich Seilrollen oder Kugellager. Die Liste der Superlative und Rekorde mit den Attributen »am höchsten«, »am ältesten« oder »am steilsten« ist lang.

Zum Beispiel: Das »Jungfraujoch« ist mit 3.454 Metern über dem Meeresspiegel der höchstgelegene Bahnhof Europas, die »Vitznau-Rigi-Bahn« aus dem Jahre 1871 ist die älteste Bergbahn, und die Wengernalpbahn (19,2 Kilometer) ist die längste Zahnradbahn in Europa. Oder: Die steilste Zahnradbahn der Welt mit achtundvierzig Prozent Steigung ist die Pilatusbahn. Und schließlich: Die steilste Postauto-Route Europas von Kiental nach Griesalp hat eine maximale Steigung von achtundzwanzig Prozent. Überhaupt das Postauto. Von den gelben Bussen gibt es 2.145, die 124 Millionen Passagiere befördern, die wiederum an 14.140 Haltestellen ein- und aussteigen können.

Vom Autoverkehr und einem hoffnungsvollen Neustart

Der Schweizer individuelle Autoverkehr gehört, wie woanders auch, nicht zu den Glanzseiten des Verkehrs. Hier staut es sich. Wie überall. »Von der Straße auf die Schiene« heißt auch hier die Zukunftslösung. Und folgenden Satz hört man allenthalben: Man braucht in der Schweiz eigentlich kein Auto. Nun gut, zum Einkaufen oder zum Schulkind-Abholen.

Und dennoch: Zum zweiten Mal in Folge, so teilte das Bundesamt für Statistik (BFS) mit, wurde 2012 in der Schweiz bei der Anzahl neu zugelassener Motorfahrzeuge ein Rekord registriert. Der Wert von 431.000 Neuzulassungen entspricht einer Steigerung von 2,4 Prozent gegenüber dem Vorjahr. Insgesamt waren in der Schweiz 2012 rund 5,6 Millionen Motorfahrzeuge zugelassen, davon 4,3 Millionen Personenwagen.

Heftig umstritten ist der weitere Ausbau des nationalen Verkehrsstraßennetzes in der »engen« Schweiz, so der geplante Bau der Glatttal- oder der Oberlandautobahn im Kanton Zürich. Die klare Überzeugung der Gegner lautet: Mehr Straßen schaffen mehr Verkehr.

Bleiben wir, bevor wir zu weiteren beachtlichen Verkehrsleistungen der Eidgenossen kommen, noch bei einem Nachrichtenblock, der nicht nur dem Flug- und dem Bodenpersonal Bauchschmerzen bereitet, sondern dem stolzen Schweizer schlechthin. Seit mehr als einem Jahrzehnt macht die Schweizer Fluglinie »Swiss«, die seit 2007 Tochter der Lufthansa ist, einen Gesundungs- und Erneuerungsprozess durch. Am Beginn dieses Prozesses stand ein Schock. 2002 meldete die renommierte Fluglinie »Swissair« Konkurs an. Der Flugverkehr wurde zeitweise eingestellt.

Der Ruf von »Swiss« ist gut. Dazu trägt auch das weiße Kreuz auf rotem Grund an der Heckflosse bei, für viele Fluggäste ein Garant für Sicherheit und Qualität. Aber es muss auch ökonomisch und finanziell stimmen, um weiter an Höhe zu gewinnen.

Herausforderung Berg: Über ihn oder durch ihn hindurch?

Fliegen in die oder in der Schweiz ist aus topographischen Gründen neben der Nutzung von Wasserwegen die unkomplizierteste Fortbewegungsart. Aber alles andere, das Mittelland lassen wir hier mal weg, war, ist und bleibt aufgrund der extremen Berg- und Tal-Topografie eine verkehrstechnische Herausforderung.

So gibt es die Varianten über den Berg oder durch ihn hindurch.

Und es bleibt ein weiterer Fall: von Berg zu Berg oder einfach über das Tal. Brücken und Viadukte sind hier gefragt, darunter zahlreiche technische Wunderwerke, die auf der Liste des Weltkulturerbes der UNESCO stehen, so das Landwasser-Viadukt als Steinbogenbrücke im Netz der Rhätischen Bahn nahe Filisur mit hundertzweiundvierzig Metern Länge, 1914 eingeweiht.

Die Kategorie »Über den Berg« ist jahrtausendealt und war per pedes, Pferd oder Kutsche lange die einzige Möglichkeit, von Süd nach Nord oder

Durch den Berg …

umgekehrt zu gelangen, aber auch innerhalb der Schweiz von einer Ecke zur anderen. Die Schweiz hat als Ziel- und Transitland materiell, kulturell und geistig außerordentlich davon profitiert. Und die Saumpfade, Pässe und Passstraßen haben bis heute einen guten und mit dem Blick auf ihre Geschichtsträchtigkeit mitunter auch einen geheimnisvollen Klang.

Es gibt in der Schweiz über hundert Passstraßen ab sechshundert Meter Höhe über dem Meeresspiegel. Mehr als ein Dutzend winden sich auf mehr als zweitausend Meter, darunter Bernina, Furka, St. Bernhard, St. Gotthard, Julier oder San Bernadino.

Die Schweizer Verkehrsplaner stehen bei der Überwindung der Berge vor der Alternative – Pass oder Tunnel. Tunnel haben den Vorteil, schneller, energiefreundlicher und weitgehend witterungsunabhängig zu sein. Außerdem sind sie unsichtbar und rauben weniger wertvolle Landflächen. Aber es braucht für die Tunnelein- und -ausfahrten zusätzliche Betonflächen in Form von Straßen und Verkehrseinrichtungen. Nicht jeder Tunnelneubau ist bei den Schweizern willkommen. So appelliert im Herbst 2013 der Verkehrs-Club der Schweiz (VSC) an den Bundesrat und das Parlament, auf den Bau einer zweiten Gotthardröhre zu verzichten. Mehr Straßen und Tunnel bedeuten auch mehr Verkehr.

Sie haben den Nachteil, dass sie sehr teuer sind. Und technisch oft äußerst anspruchsvoll. Der längste Eisenbahntunnel der Welt, der siebenundfünfzig Kilometer lange Basistunnel durch das Gotthardmassiv, der 2016 fertig wird, kostet elf Milliarden Franken.

»Durch den Berg« ging es über eine längere Distanz erstmals 1857 mit dem Hauensteintunnel zwischen Läufelfingen und Trimbach über 2.495 Meter. Bis heute entstanden oder entstehen über fünfzig Bahntunnel mit einer Länge von über zweitausend Metern. Acht davon haben eine Länge im fünfstelligen Bereich, der längste ist bis zur Fertigstellung des Gotthard-Basistunnels der Lötschberg-Basistunnel mit 34.600 Metern.

Der erste Straßentunnel war der A2-Autobahntunnel Belchen im Jahre 1970. Er ist 3.180 Meter lang und gehört zu den fünfundfünfzig Straßentunneln, die länger als zweitausend Meter sind. Der längste ist der Gotthardtunnel (1980) mit 16.918 Metern.

Aufgrund der komplizierten topographischen Eigenschaften und der damit verbundenen Widrigkeiten, oder sagen wir besser Herausforderungen, lassen sich auch bestimmte Schweizer Eigenschaften deuten. Die vermeintliche Langsamkeit zum Beispiel. Man kommt nicht an einem Tag durch den Berg und auch nicht in einer Stunde über den Berg. In Nepal, im Himalaya, kennen die einheimischen Bergführer nur zwei, dafür aber äußerst wichtige deutsche Worte, die auch für das Bergland Schweiz gelten: »Langsam! Langsam!«

Auf den Berg!

Recht schnell kommt man inzwischen auf nicht wenige Schweizer Berge. Natürlich gehen die echten Schweizer Wanderfreunde mit einem seltsamen Lächeln an den Talstationen der Seilbahnen, an Sesselliften und Standseilbahnen vorbei und erklimmen in jahrhundertealter Art den Berg. Langsam, aber mit Ausdauer. Schritt für Schritt. Zugegeben, die Mobilität in der Schweiz erfordert zur richtigen und respektvollen Widerspiegelung etwas viel Statistik, auch bei der beeindruckenden mobilen Kategorie »Auf den Berg« (und wer will, wieder hinunter). Mechanisch ging das bereits im letzten Drittel des 19. Jahrhunderts mit Zahnradbahnen und circa fünfzig Jahre später mit Luftseilbahnen.

Im Jahre 1927 wird die erste »richtige« schweizerische Luftseilbahn in Engelberg in Betrieb genommen. Diese Bahn führt von der Gerschnialp zum Trüebsee. Um mit technischer Hilfe auf den Berg zu kommen, gibt es in der Schweiz über siebzig Standseilbahnen – sie sind die Pioniere der mechanischen Bergeroberung – und rund hundertfünfzig Luftseilbahnen in Form von Pendelbahnen mit geschlossenen Kabinen. Dazu kommt noch einmal die gleiche Anzahl von Gondel- und Sesselbahnen.

Nach so viel Statistik lautet mein mobiles Fazit: Die Ausrufe »Wir sind über den Berg!« oder »Das ist der Durchbruch!« (eigentlich heißt es Durchschlag) haben in der Schweiz eine andere Bedeutung als in der norddeutschen Tiefebene oder im tellerflachen Sachsen-Anhalt.

■ PS: Zweitausend Meter zu Fuß über dem Tunnel

Es ist natürlich möglich, später im Hotel oder auch zu Hause über den Gotthard und seinen neuen Basistunnel nachzudenken. Doch die Touristiker am Gotthard-Massiv bieten eine andere, vielleicht altmodisch wirkende Methode des Nachdenkens und Kommunizierens an: das Wandern bzw. Trekking.

Es gibt seit der Einweihung des Eisenbahntunnels 1882 Bedenken der Einheimischen, der Hoteliers und der Gastronomen, dass potenzielle Gäste einfach durchfahren und nicht mehr verweilen könnten. Gleichzeitig war es immer Ansporn, die Attraktivität, z.B. von Andermatt, »hochzuhalten« oder sogar auszubauen. Und auch der neue Basistunnel hat neue Impulse freigesetzt. Nicht gegen ihn, sondern mit ihm oder – noch genauer – über ihm.

Und so bringen es die Initiatoren des »Gotthard Tunnel Trails« in ihren Werbematerialien gleich auf den Punkt. Sie erwähnen die siebenundfünfzig Kilometer lange Zugfahrt und argumentieren dann: »Interessanter ist es aber, diese Strecke in Wandergeschwindigkeit obendrüber zurückzulegen.« Hundertfünf Kilometer an fünf Tagen.

Die Niederländerin Marja Nieuwveld war lange Produktmanagerin der Region »San Gottardo«. Zwar lebt sie inzwischen wieder in Rotterdam, doch das hält sie nicht davon ab, ihre Lieblingsprojekte auch aus der Ferne zu organisieren, zu betreuen und zu bewerben. Eines davon, den »Vier-

Quellen-Weg«, habe ich im Sommer 2013 erkundet. Der Gotthard spielt für sie eine zentrale Rolle in ihrem Leben. Er ist ihre Lebensaufgabe, hierein investiert sie ihr Herzblut. Marja ist Präsidentin des Vereins »Gotthard-Connects«. Sie hat ein Buch über die neue Wanderroute geschrieben und von dem Erlös Wegweiser für den Trail produzieren und anbringen lassen.

Das erste Projekt des Vereins mit dem »Gotthard Tunnel Trail« passt in die Zeit. Diese Form des Wanderns bzw. Trekkings hat seit einigen Jahren »Konjunktur«, sowohl in den Alpen, z.B. von Oberstdorf nach Meran in einer knappen Woche, als auch im Mittelgebirge mit der Rennsteigwanderung über nahezu zweihundert Kilometer oder eben mit dem Trail über dem Gotthardtunnel.

Wer sich konservativ führen lassen will, dem sei die Broschüre von Heidi Meier »Gotthard Tunnel Trail« empfohlen. Start ist in Erstfeld, es geht über Bristen, Sedrun, den Lukmanierpass, Carì und den Passo Predèlp. Das Ziel ist schließlich Brodio – ein Abstieg, der als »Schmankerl« bezeichnet wird.

Was sich hier so rasch dahinschreiben lässt, ist im richtigen Wanderleben schon eine kräftige Herausforderung. Bergan geht es insgesamt 5.684 Meter, bergab 5.869 Meter …

Was macht glücklicher, das Wandern oder das Bahnfahren? Am besten ist die Kombination von beidem.

www.gotthard-tunnel-trail.ch

»Abenteuer des Schienenstrangs« oder »Der blanke ›Bahnsinn‹«!

Mobil in der Schweiz (II)

Wer gern Zug fährt, träumt von der Transsibirischen Eisenbahn von Moskau nach Wladiwostok. 9.288 Kilometer in sieben Tagen.

Wer nicht so viel Zeit hat, fährt in die Schweiz. Aber die Entscheidung für das Bahnfahren in der Eidgenossenschaft ist natürlich keine zeitbedingte Notlösung, sondern ein ureigenes Erlebnis. Wenn der Titel nicht schon vergeben wäre, könnte man ihn an die Schweiz verleihen. »Abenteuer des Schienenstranges« hatte Jack London sein 1907 erschienenes autobiografisch angelegtes Buch genannt.

Das war sechzig Jahre nach der Eröffnung der ersten Eisenbahnlinie der Schweiz zwischen Zürich und Baden, der sogenannten Spanisch-Brötli-Bahn. Dazwischen lagen der Bau und die Eröffnung von tatsächlich abenteuerlichen Bahnstrecken, sei es die Eröffnung des Gotthard-Eisenbahn-Tunnels im Jahre 1882 oder der Brig-Visp-Zermatt-Bahn, der heutigen Matterhorn-Gotthard-Bahn, oder 1898 die Eröffnung der Gornergratbahn am Fuß des Matterhorns, der ersten elektrischen Zahnradbahn der Schweiz.

Gornergratbahn am Fuß des Matterhorns

Nun gut, das Aufkommen des zunächst furchterregenden und faszinierenden Verkehrsmittels Eisenbahn hatte in der zweiten Hälfte des 19. Jahrhunderts bis zum Beginn des Ersten Weltkrieges in ganz Europa und global einen Bauboom an Strecken und Bahnhöfen ausgelöst.

Wenn es einen »Eisenbahngott« gegeben hätte, der zugleich in seinem Himmelsstellwerk der Entscheider über den Bau von Bahnstrecken in Europa gewesen wäre, so hätte er zu seinem Stab und den ihn umschwirrenden Engeln mit dem Blick auf die Alpen gesagt: »Hier geht's gar nicht! Schnell weiter!«

Trumpf Nr. 1: Eine einmalige Symbiose von Technik und Natur

Zum Glück haben sich die Schweizer Bahnplaner und Ingenieure nicht von der Skepsis ihres obersten Dienstherren beeindrucken lassen, sondern abenteuerliche Strecken angelegt, die heute der erste Trumpf für das Bahnland Schweiz sind. Eisenbahnfahrten auf technisch anspruchsvollen Strecken durch schöne und spektakuläre Landschaften. Über, durch und auf den Berg. Oder auch mit Brücken über Berg und Tal.

Eine der ersten Initialzündungen für den ingenieurtechnischen Ehrgeiz der Eidgenossen war vor anderthalb Jahrhunderten die erste »Thomas Cook«-Pauschalreise von Engländern in die Schweiz.

Während der Bau der spektakulären Strecken sicher ein Abenteuer war – nicht ungefährlich für Leib und Seele, drohten bei den Tunnelarbeiten doch Unfälle und auch Krankheiten –, ist es die Reise mit den Schweizer Bahnen heute nicht mehr. Und die Antwort auf die scherzhaft gemeinte Frage Deutscher, was die vier größten Feinde der Bahn in Deutschland sind, nämlich »Frühling, Sommer, Herbst und Winter«, würde kein Schweizer Bahnfahrer verstehen. Oder?

»Urlaub auf dem Schienenstrang« wäre als Buchtitel noch frei. Mein Nachbar ist Modelleisenbahner, begnügt sich aber nicht mit Modellen, will die Bahn in natura und in voller Größe erleben und hat seine Frau schließlich überzeugen können, Bahnurlaub in der Schweiz zu machen. Zwei Wochen. Jeden Tag Bahn fahren. Übernachtet haben beide im Hotel. Gäbe es bei innerschweizerischen Verbindungen Schlafwagen ... Aber der Einsatz eines Nachtzugs lohnt sich hier nicht.

Die Nord-Süd-Tour in der Schweiz von Basel nach Lugano dauert drei Stunden und fünfundvierzig Minuten, von Zürich nach Genf sogar eine Stunde weniger. Aber viele Leute fahren in der Schweiz gern langsam Bahn, zum Beispiel von St. Moritz nach Zermatt mit dem Glacier-Express in acht Stunden. Es ist der »langsamste Schnellzug der Welt«, wie die Bahnwerber kokett verkünden. Eine zweite doppeldeutige Botschaft lautet »Bahnsinnige Schweiz«. Das betrifft das ganze Netz von insgesamt über fünftausend Kilometern. Davon gehören über dreitausend Kilometer den »Schweizerischen Bundesbahnen« (SBB), aber auch die »Stars«, wie die zum UNESCO-Weltkulturerbe zählenden Albula- und Berninastrecken der Rhätischen Bahn oder der Glacier-Express mit der Überquerung des 2033 Meter hohen Oberalppasses, zählen dazu.

Der Grund für die Langsamkeit liegt auf der Hand bzw. bewegt sich wie ein Film hinter den großen Wagonfenstern oder inzwischen auch im Cabriostil im Panoramawagen – es ist die vorbeiziehende Gegend.

Mein Nachbar war nach seinem »Urlaub auf dem Schienenstrang« zufrieden, auch wenn er gern noch die eine oder andere Bahnstrecke ausprobiert und eine Woche verlängert hätte. Seine Frau hat ihren Resturlaub zu Hause dafür genutzt, stundenlang aus dem Fenster zu gucken. Sie hat sich gefreut, dass der Gartenzaun und der Apfelbaum in dieser Zeit an der gleichen Stelle geblieben sind.

Trumpf Nr. 2: Pünktlichkeit, Sauberkeit, Sicherheit

1902 erfolgte die Gründung der Schweizerischen Bundesbahnen SBB (heute immer im Dreiklang mit der französischen und italienischen Abkürzung CFF und FFS) durch den Zusammenschluss diverser Privatbahnen. Es war die organisatorische Voraussetzung dafür, dass die Schweiz heute das Eisenbahnland Nr. 1 in der Welt ist. Eine wichtige und erstaunliche technische Zäsur war die komplette Elektrifizierung, die vor mehr als einem halben Jahrhundert im Jahre 1960 abgeschlossen war.

Eisenbahnland Nr. 1: Wie berechnet man diesen Superlativ? Die Schweizer fahren am meisten Bahn. Im Jahr und pro Kopf 2.310 Kilometer, weit vor Dänemark (1.804 Kilometer) und Frankreich (1.338 Kilometer). Die Bahn ist das Rückgrat des dichtesten Verkehrsnetzes der Welt. Und es kommt ein zusätzlicher Superlativ hinzu: Die SBB liegt in ihrer Pünktlichkeit bei neunzig Prozent, d.h., neun von zehn Bahnreisenden erreichen ihr Ziel pünktlich oder mit weniger als drei Minuten Verspätung. Grundlage für diese Tatsachen sind natürlich nicht nur ein einfaches Wollen und neue Formen der Kooperation, sondern auch technische Investitionen in großem Rahmen. Zunächst mit der Taktfahrplaneinführung 1982 und dann zwölf Jahre später, am 12. Dezember 2004, im Rahmen des Projektes »Bahn 2000«. Neunzig Prozent aller Züge erhielten einen neuen Fahrplan, und es wurden zwölf Prozent mehr Züge eingesetzt. Ergebnis der Investitionen am Bahndreieck Basel-Zürich-Bern war, dass die Reisezeiten deutlich verkürzt wurden und so ideale Anschlüsse an den Eisenbahnknoten geschaffen wurden. Eigentlich braucht es keinen Fahrplan. Man kommt auf den Bahnhöfen ohne lange Wartezeit weiter, mit dem nächsten Zug, mit dem Postauto, mit der Zahnradbahn, mit der Luftseilbahn oder mit dem Schiff. Das ist Spitze in der Welt und zeugt von Bahnsinn oder von Sinn für den Wert und die Optimierung des öffentlichen Verkehrs. Oder als Wortspiel, bei dem auch Begeisterung mitschwingt: »Das ist der blanke Bahnsinn!«

Auf dem Weg zum Jungfraujoch – Willkommene Pause

Und ihn nutzen Bahnreisende in der Schweiz pro Jahr über 350 Millionen Mal. Auch weil die SBB ständig neue Spar- und Sonderangebote herausgeben. Das hat Tradition in der Schweizer Bahngeschichte. 1891 gab es das erste Halbtax, und 1898 wurde das Generalabonnement (GA) für Handlungsreisende für eine Gesamtstrecke von 3.200 Kilometer eingeführt. Heute nutzen das Halbtax rund 2,3 Millionen Schweizer, und es sind 442.000, die das GA nutzen.

Auch hier ist die ganze Verkehrskette der Schweiz integriert, inklusive der Nutzung öffentlicher Verkehrsmittel in über vierzig Städten.

Die Schweiz ist ein Hochpreisland. Schon vor zehn Jahren, als der Kurs zwischen dem Schweizer Franken und dem Euro noch »stimmte«, aber noch mehr nach dem rapiden Kurseinbruch des Euro, der die Schweizer zu einer Kursuntergrenze von 1:1,20 veranlasste.

So rutscht aus der Sicht auch von Reisenden aus Deutschland das Preis-Leistungs-Verhältnis in eine oft extreme Schieflage. Eine Bratwurst mit Zwiebelsoße für 29,- CHF oder ein einfaches Hotelzimmer für 120,- CHF lässt so manchen ausländischen Gast schlucken, auch wenn er weiß: »... ja, die höheren Personal- und Mietkosten«.

Im Jahre 1989, also vor einem Vierteljahrhundert, hatten die Marketingspezialisten des Schweizer Öffentlichen Verkehrs die Idee, speziell für Ausländer gesonderte Tickets anzubieten. Heute hat sich ein ganzes System etabliert, das »Swiss Travel System« (STS).

»Die Pässe werden im Jahr von rund 220.000 ausländischen Bahngästen gekauft«, freut sich Thomas Hoffmann. Er ist für STS in Deutschland, Österreich und Osteuropa für die Bewerbung und Nutzung dieser Pässe zuständig und denkt, »dass es im 25. Jubiläumsjahr von STS 2014 noch einen kräftigen Schub geben kann«. Auch für die Touristen aus Russland, die noch nicht so eine »Bahnaffinität« wie ihre Nachbarn haben und natürlich auch eine andere Bahnreisekultur kennen, siehe die Transsibirische Eisenbahn oder auch »nur« den Zug von Moskau nach Omsk oder Nowosibirsk. (»Für die paar Minuten setz ich mich doch nicht in den Zug!«)

Elektromobil in Zermatt

Wie bei anderen Systemen auch, scheint das STS auf den ersten Blick kompliziert zu sein, eben weil es mehrere Pässe gibt: Swiss Pass, Swiss Flexi Pass, Swiss Youth Pass, Swiss Card und schließlich die STS-Familienkarte, die Kindern unter sechzehn Jahren die kostenlose Beförderung in Begleitung eines Erwachsenen einräumt. (www.SwissTravelSystem.com)

Wer ein STS-Ticket erwirbt, kann auf über sechsundzwanzigtausend Bahn-, Autobus- und Schiffskilometern durch das Alpenland reisen. Es ist, laut Werbung, »die schönste Art, die Schweiz zu entdecken«.

Nun gut. Das werden die Initiatoren der Kampagne »Outdoor. Swiss made«, die in einer Broschüre mit einer Auflage von 379.200 (!) für die elf schönsten Routen der Schweiz – zu Fuß, per Bike oder mit dem Kanu – werben, vielleicht anders sehen. »Was ist das Schönste im ganzen Land?« Kein Streit, sondern kooperativ denken! Denn die Outdoor-Mobilität ist oft die Krönung der perfekten mobilen Vernetzung in der Schweiz. Und so greift, das muss jetzt zum Abschluss noch sein, ein Rädchen ins andere. Eben wie bei einem Schweizer Uhrwerk …

■ PS: Das Swiss Travel System als Erfolgsmodell mit neuen Herausforderungen

Zürich SBB im Mai 2019. Beim Mittagessen treffe ich nach sechs Jahren Thomas Hoffmann wieder. Als wir uns damals hier, im größten Bahnhof der Schweiz, unterhielten, steckte das »Swiss Travel System« (STS) noch in den »Kinderschuhen«. Im ersten Jahr 2011 lag der Umsatz bei fünfundsechzig Millionen Schweizer Franken, 2018 hatte er sich auf hundertdreißig Millionen verdoppelt. Die Idee wird zum finanziellen Erfolg, wenn sie funktioniert.

Kunden aus »Greater China« (Festland- bzw. Kontinentalchina, Hongkong, Macau und Taiwan) haben 2018 20,3 Millionen, Kunden aus Indien 17,7 Millionen und aus den USA 16,7 Millionen Schweizer Franken für STS-Produkte ausgegeben. Schweizreisende können die Tickets inzwischen in Vertretungen in Peking, Mumbai, Singapur und New York kaufen.

»Ja«, bestätigt Thomas Hoffmann, »das ist eine Erfolgsgeschichte mit einem doch rasanten Wachstum.« Allein bei China und Indien lagen die Zuwächse 2018 im Vergleich zum Vorjahr bei fünfzehn bzw. achtzehn Prozent!

Der Leiter des Marktmanagements für Europa hat langjährige Erfahrungen bei der Einführung und Umsetzung dieses Ticketmodells für Ausländer, die in der Schweiz Bahn fahren. Und er weiß, dass die Umsätze zwar erfreulich sind, die innerbetrieblichen Prozesse aber entsprechend angepasst werden und »mitziehen« müssen. Das betrifft vor allem die Digitalisierung aller entsprechenden Prozesse, inklusive neuer Formen des Tickets, z.B. mit einem integrierten Chip, der beim Einstieg in den Zug gecheckt wird.

Im Geschäftsbericht 2019 wird das Forcieren der Digitalisierung als dringende Aufgabe formuliert, auch beim Vertrieb der Tickets durch die Einführung der Systeme »WebService« und »Agent Client«.

Auch die zu erwartenden Zuwächse im Touristenstrom, insbesondere aus den bevölkerungsreichsten Ländern der Erde, bereiten dem Mittvierziger Sorge. Droht ein Übertourismus auf der Schiene? Wie steuert man ihn nachhaltig ohne Verbotsschilder?

Qualität vor Quantität und neue Kooperationen

Auch in der Schweiz, einem der Mutterländer des Tourismus, wird in Zukunft Qualität vor Quantität gehen. Die Leitung des Projektes »Grand Train Tour of Switzerland« durch die STS, dem bisher größten nationalen Kooperationsprojekt zwischen Tourismusdestinationen, Bahnunternehmen und Vertriebspartnern, ist solch ein Schritt zu einer besseren Qualität.

Die erfolgreiche Entwicklung wäre nicht möglich, wenn die Basis nicht stimmen würde, doch die Schweiz ist nach wie vor der »Musterknabe des Zugverkehrs«. Das genießen auch die Bahnreisenden aus Japan, die immerhin langjährige Erfahrungen mit Hochgeschwindigkeitszügen haben, Stichwort: »Shinkansen«. Der eine oder andere staunt vielleicht, welch ein Erlebnis eine Bahnfahrt von Grütschalp nach Mürren mit fünfzehn Stundenkilometern ist, vorbei an Eiger, Mönch und Jungfrau. Die Bahnnutzer aus Deutschland wiederum freuen sich über die Pünktlichkeit der Züge und das kluge Taktsystem, das es seit 1982 gibt. Auch mit Umsteigen ermöglicht es ein flottes Vorankommen ohne lange Wartezeiten.

Die SBB ist in vielen Punkten ein Vorbild. »Nun gut«, mag man sagen, »die Schweiz ist ein kleines Land, da lässt sich vielleicht so manches besser organisieren?«

Nein, es ist eine Frage der Mobilitätsphilosophie und der Einstellung zur Bahn.

In unserem südlichen Nachbarland fahren, bezogen auf die Einwohnerzahl, doppelt so viele Menschen Zug wie in Deutschland, 1,25 Millionen täglich!

In einem Text in »Die Zeit« vom 17.12.2019 mit der Überschrift »Lokführers gelobtes Land« werden weitere Unterschiede – und damit die Ursachen für den Qualitätsunterschied – aufgelistet. So wurden in Deutschland bisher siebenundsiebzig Euro pro Kopf und Jahr in die Bahn investiert, wobei inzwischen mehr Bewegung in den Mittelfluss gekommen ist. In der Schweiz waren es 2018 dreihundertfünfundsechzig Euro pro Kopf.

In der Schweiz fehlen inzwischen ganzjährig Lokführer für dreißig Strecken. Das ist auch ein Ausdruck von Grenzen der permanenten Erweiterung eines Systems, in dem alle Bahnhöfe oder Haltestellen miteinander verbunden sind. Die Züge im Mittelland fahren z.B. fast im S-Bahn-Takt.

»Was, schon da?« Auch in Luzern enden viele angenehme Fahrten mit der SBB.

Zurück zum »Kopf«, zur Einstellung. Während in Deutschland der Fokus auf dem Automobil lag und oft immer noch liegt, steht in der Schweiz die Bahn an erster Stelle, wobei der Ausbau der Strecken transparent und auch mit Volksabstimmungen verbunden ist.

In Deutschland, so SBB-Planer Wolf-Dieter Deuschle, werde die Bahn noch allzu oft als Störer gesehen statt als Teil des Lebens. Bahnfahren in der Schweiz ist tatsächlich in der Regel Lebensgenuss, und der eine oder andere ausländische Fahrgast bedauert am Ende der Reise: »Was, schon da …?«

www.mystsnet.com

»Waren Sie schon einmal in Laufen?«

»Marktforschung« und ein Besuch bei »Ricola«

Es gab in Ostdeutschland vor und nach der Wende einen wunderbaren Humoristen – Hansgeorg Stengel. Nicht nur seine große Nase erinnerte an den berühmten Sachsen Ringelnatz, sondern auch seine Reime und Anekdoten. Eine davon, es ging um die Zeit vor 1989, handelte vom zwangsläufig einseitigen Reisen in die Ostblockländer und dem damit verbundenen erhofften Imagegewinn. Balaton, Sotschi, Budapest, Prag oder hie und da auch Havanna. Wenn er bei solchen Gesprächen unfreiwillig oder absichtlich dabei war, stellte er plötzlich die Frage: »Waren Sie schon einmal in Friedrichshöhe?« Natürlich nicht, auch kannte niemand den Ort in Thüringen in der Nähe des legendären Rennsteigs. Das Dorf war bis zur Eingemeindung die kleinste Gemeinde der DDR, und Stengel schwärmte von den Sehenswürdigkeiten, die es dort, sieht man mal vom Wald ab, nicht gibt. Löste das etwa neidische Betroffenheit aus?

Wer fährt denn, wenn er schon mal in der Schweiz ist, nach Laufen? Zürich, Basel oder Bern, das Matterhorn oder der Rigi! Aber Laufen? Keine chinesische oder japanische Reiseagentur würde auf die Idee kommen, Laufen in ihr ohnehin schon straffes Reiseprogramm einzubauen.

Anlass meiner Reise war eine Verabredung in der Vertriebsabteilung der »Ricola AG«. Ich hatte noch Zeit, und so bummelte ich durch den Ort mit dem flotten Fluss Birs. Laufen hat durchaus die eine oder andere Sehenswürdigkeit, darunter die mittelalterliche Altstadt, das Obertor mit dem Zeitglockenturm oder das Stadthaus, beide vom Ende des 17. Jahrhunderts, sowie kulturelle Höhepunkte wie das Jodlerfest.

Auf dem Wochenmarkt in Laufen

Und Laufen hat einen Markt. Er findet jeden ersten Dienstag im Monat statt, außer im Wonnemonat, da ist der 1. Mai der Markttag.

Markttreiben in Laufen

Es ist ein Markt, wie in deutschen Städten auch, der nicht mein Tummelplatz ist, auch weil ich nicht so oft eine Kittelschürze als Überraschung für meine weibliche Verwandtschaft brauche.

Aber Zeit ist der Raum für neue Erkenntnisse, und so betrieb ich etwas »Marktforschung«.

Zunächst: Märkte sind lustige Orte. Die Leute lachen viel, reden und freuen sich. Es ist eine wunderbare Gelegenheit, alte und neue Bekannte zu treffen, einen Schwatz zu halten oder auch mal die eine oder andere Lästerei loszuwerden. So lustig ist's im Supermarkt oder auf der Shoppingmeile nicht. Eine zweite Erkenntnis: Dieser Markt ist eine uralte Form des kommunikativen Handels, wo man, wie beim richtigen Shopping, auch mal Dinge kauft, die man nicht braucht. Der Anteil des Kitsches mit Porzellanengeln oder grellbunten Gemälden von den schönen Seiten des Alltags ist hier etwas höher.

Die Angebotspalette ist schwindelerregend. CDs mit Volksmusik, Lederbalsam, Gemüseschäler, Hosenträger, Käse, Wein oder Ochsengalle für Maler bzw. als altbewährtes Reinigungsmittel.

Ich kaufe einen Matchsack aus Leder und kann einen guten Preis aushandeln. Hier steht kein Schild wie in einem Keramikladen: »Festpreise. Wir sind hier nicht auf einem türkischen Basar!«

Und schließlich kommt der Respekt vor den Markthändlern, der in mir immer wieder aufsteigt, wenn ich ihnen beim Auf- oder Abbau zuschaue. Was für ein mühsamer und harter Broterwerb ...

Das Ehepaar Ferrarini aus Balsthal verkauft Textilien. »Ich mache das jetzt vierzig Jahre bei jedem Wetter«, sagt die Marktfrau Ferrarini. »Und lebe immer noch!«, ergänzt sie lachend.

In der Nordostschweiz finden im Jahr Märkte in dreiunddreißig Orten statt, von Allschwil über Olten und Basel bis Zwingen. Manche gibt es nur zu besonderen Anlässen, wie in der Adventszeit, andere, wie in Laufen, einmal im Monat.

Die Offenheit und die Stimmung in den einzelnen Orten sind verschieden. In manchen geht es mitunter etwas griesgrämig zu. »In Solothurn und in Laufen ist es am angenehmsten und lustigsten«, fasst Frau Ferrarini ihre Erfahrungen zusammen.

Werbung? »Brauchen wir nicht. Wir kennen unsere Kunden und sie uns. Und wenn wir Glück haben, sagen sie es weiter!«

»Ricola« – eine bescheidene und heimatverbundene Weltberühmtheit

Das ist bei »Ricola« anders, auch wenn heute in Deutschland und in mehr als fünfzig anderen Ländern der Welt viele wissen, was bei Husten und Heiserkeit zu tun ist. Und so gehe ich auf einer Ausfallstraße entlang, die ähnlich attraktiv ist wie die einsame Waldzufahrt nach Friedrichshöhe, und sinniere über den Spruch meiner Großmutter Emmy nach, die mich immer ermahnt hat, mindestens zweimal hinzugucken, bevor ich mir ein Bild mache. Ich denke noch: Sieht so die Schweizer Provinz aus, also so, dass die Bereitschaft nicht da ist, über den eigenen Tellerrand zu gucken und zu handeln?

Und dann stehe ich vor einem grauen, lang gestreckten Gebäude mit dem Schild »Ricola AG« über der Eingangstür. Und nur das Gelb im Logo der Bonbonfabrik strahlt mich an.

Natürlich auch noch der fremdländische und melodische Klang von »Ricola«, der nach Vertonung ruft, die es ja auch seit 1980 mit dem bekannten Jingle gibt. Kannten sie Hans Richter aus Bonn? Nein? Aber Haribo mit dem bekannten Spruch: »Haribo macht Kinder froh und Erwachsene ebenso!« Ricola ist das Pendant dazu, zumindest was die Abkürzung anbelangt. »Ricola« steht für »Richterich und Compagnie, Laufen«.

Abgeholt werde ich aus dem kleinen Foyer des Verwaltungsgebäudes von Linda Hufschmid. Sie führt mich in den gartenähnlichen Hof, und plötzlich steht vor mir ein verglaster Bürokomplex: Das Marketinggebäude, erbaut 1998/1999, das wie andere Komplexe von »Ricola« auch, von »Herzog & de Meuron« kreiert wurde. Welch ein Beispiel für Understatement à la Schweiz!

Ricola – Moderne im Hinterhof

Und noch etwas ist nicht untypisch für die Eidgenossenschaft. Nicht vom Tellerwäscher zum Millionär heißt es hier, sondern von der Bäckerei zur Weltfirma. »Ricola« gehört zu den zwanzig Topmarken des Landes.

1930 hat Emil Richterich in seiner Bäckerei in Laufen mit der Kräuterbonbonherstellung begonnen. »Ricola« ist immer noch in Familienbesitz und wird in der dritten Generation von Felix Richterich geführt. Er wurde in jungen Jahren von seinem Vater in die USA geschickt, um die Absatzchancen zu prüfen. Mal ganz locker ...

Die Fakten, die Linda Hufschmid in unserem Gespräch nennt, haben nichts mit Provinzialität zu tun, auch wenn das eine oder andere Erscheinungs- und Werbebild etwas mit dem »Heidi«-Klischee behaftet ist. Aber: Wer Husten hat und Linderung sucht, hat vielleicht auch keine Lust auf »Peppiges« in unserer rasend-bunten Welt. Da ist ein solider Spruch vielleicht gerade recht?

»Dreizehn Kräuter aus der Schweiz befreien Dich vom Hustenreiz.« Ricola ist Weltmarktführer bei Hustenbonbons!

Mittlerweile hat das Unternehmen vierhundert Mitarbeiterinnen und Mitarbeiter. Über dreiunddreißig Sorten Kräuterbonbons und -pastillen sowie seit 2008 Kaugummis mit Schweizer Kräutern, die auch das Aroma von diversen Teesorten bestimmen, werden in insgesamt fünfzig Länder exportiert.

Produktion bei Ricola

Niederlassungen gibt es in Italien und Großbritannien, in Asien und in den USA! Die Produktion ist nachhaltig: Hundert Bergbauern liefern jährlich dreihundert Tonnen Kräuter, beim Anbau wird strikt auf Herbizide und Pestizide verzichtet. Der Umsatz betrug 2012 circa dreihundert Millionen Schweizer Franken, die Firma kommt recht gut über die Kursschwierigkeiten zwischen dem Franken und den Weltwährungen.

»In welchem Opernhaus der Welt wird am meisten gehustet?«

Und dass man mit Schwyzerdütsch moderne Werbung machen kann, beweist »Ricola« mit bisherigen Werbespots, wie mit »Wer hat's erfunden?« oder mit der aktuellen Kampagne »Chrüterchraft«, was auch für einen deutschsprechenden Nichtschweizer leicht als »Kräuterkraft« zu entziffern ist. Das sind dreizehn Buchstaben für dreizehn Kräuter, die Emil Richterich zum ersten Mal 1940 für den berühmt gewordenen Schweizer Kräuterzucker verwendete: Salbei, Spitzwegerich, Pfefferminze, Thymian, Schafgarbe, Ehrenpreis, Holunder, Malve, Andorn, Schlüsselblume, Bibernelle, Frauenmantel und Eibisch. Auch hier scheint die Werbekampagne auf den ersten Blick schweizerisch-klischeehaft. Das Foto eines gestandenen Bergbauern mit Hut, Rauschebart, Hosenträgern und einer Tüte »Ricola« in der Hand ist kein Werbebild aus den 1950er-Jahren.

Wie bei den Architekten greift »Ricola« auch hier in die Premium-Etagen der Werbung. Die Kampagne stammt, wie auch zahlreiche vorher, von der Hamburger Agentur »Jung von Matt«, die u. a. auch für BMW, Nikon, Lego, Sixt, die Sparkassen oder Mercedes eingängige Kampagnen und bekannte Spots produziert.

Spitze ist »Ricola« auch in der Nutzung der »Social Media«-Instrumente, z. B. mit zwanzigtausend Fans bei Facebook. Linda Hufschmid, die, bevor sie in Laufen begonnen hat, sieben Jahre im Tourismus in Basel gearbeitet hat, freut sich, dass es eine strategische Partnerschaft mit »Schweiz Tourismus« gibt. Und schließlich engagiert sich die Laufener Firma als Sponsor, zum Beispiel im Bereich »Gesellschaft & Natur« oder im Theater-, Opern- und Konzertbereich. Und hier heißt es auf www.ricola.com unter anderem, dass Dank der wohltuenden Wirkung für Mund und Hals »Ricola«-Kräuterbonbons immer gern gesehen sind.

Auf dem Rückweg durch die Laufener Altstadt denke ich noch einmal über Marktforschung nach. Welche Frage wäre denn für einen Kräuterbonbonhersteller noch spannend und in die Zukunft weisend? Zum Beispiel: »In welchen Opernhäusern und Konzertsälen hustet das Publikum am meisten und stört unfreiwillig die hohen Töne?« Sydney, Moskau, Peking? Beim Anbieten von »Ricola«-Bonbons in der Pause in Shanghai oder in Tokio könnte dann in einigen Jahren der oder die eine oder andere Hustengeplagte sagen: »Ah, die berühmten Bonbons mit der sagenhaften Chrüterchraft aus Laufen. Da war ich schon …«

■ PS: »Ricola« – Der Kräuterdrops ist keineswegs gelutscht

Eigentlich könnten die berühmten Bonbonproduzenten in Laufen zufrieden sein. Sie sind Weltmarktführer bei Kräuterbonbons, und schon 2012 lag der Umsatz der Firma bei dreihundert Millionen Schweizer Franken.

Bei dieser Weltmarke aus der schweizerischen Provinz, wohin sich wahrscheinlich immer noch keine große Reisegruppe aus China oder Indien verläuft, hätte man schon vor sechs Jahren zufrieden sagen können: »Der Drops ist gelutscht«, oder: »Wir haben es geschafft«.

Wenn mitunter das Klischee vom ruhigen Schweizer die Runde macht, darf das nicht mit Selbstzufriedenheit oder gar Stillstand verwechselt werden. Das beweist »Ricola« in beeindruckender Weise. Dabei geht es nicht nur um das weitere Wachstum, wie z.B. bei den Mitarbeitern. 2018 waren fünfhundert Menschen für »Ricola« tätig, davon vierhundertdreißig in der Schweiz, und der Umsatz ist 2018 auf knapp 340 Millionen Schweizer Franken gestiegen. Übrigens hat Ricola bei Facebook mittlerweile 1,6 Millionen Follower.

Die Standorte der Firma sind über den ganzen Globus verteilt. So findet man sie in Frankreich, Großbritannien, Hongkong, Italien, Singapur, den USA, Kanada und Deutschland. Produkte von »Ricola« gibt es in über fünfzig Ländern in Europa, Asien, Amerika und im Nahen Osten.

In der Mediamappe der AG vom August 2019 heißt es: »Für Ricola ist geschäftlicher Erfolg kein Selbstzweck. Vielmehr soll er dazu dienen, gegenüber den Mitarbeitenden, der Gesellschaft und der Umwelt Verantwortung zu übernehmen. Deshalb gehören nachhaltiges Denken und Handeln zum Familienunternehmen. Ricolas Verständnis von Nachhaltigkeit bezieht dabei sowohl ökologische als auch soziale Grundsätze ein.«

Die Zukunftsorientierung des Familienunternehmens zeigt sich darin, dass 2016 neben der eigenen Innovationsabteilung »Ricolab« gegründet wurde, eine eigenständige Tochterfirma, zuständig für die Erkundung von Trends, Technologien und Geschäftsmodellen im Sinne der Vereinbarkeit von Natur und Technologie.

Das alles spricht für das Unternehmen ebenso wie der Versuch, auch mal ein Experiment in der Werbung zu wagen.

1998 kam die beliebte und witzige Kampagne auf: »Wer hat's erfunden?«

Nach anderthalb Jahrzehnten mit diesem Spruch in der Werbung hoffte Ricola 2013, dass »die Leute weltweit mit dem schrägen Wort Chrüterchraft vertraut werden und Spaß haben, es auszusprechen«, wie es in der damaligen Mitteilung aus Laufen hieß.

Nun bat mich das neue Mediateam in Laufen, darauf zu verweisen, dass der Slogan »Chrüterchraft« veraltet ist und nicht mehr verwendet wird. Seit 2018 gibt es die Kampagne »Wish you well« – »Alles Gute«. Dahinter steckt die Absicht des Unternehmens, zu verdeutlichen, dass man einen kleinen Beitrag für das Wohlbefinden der Konsumentinnen und Konsumenten sowie für eine Welt, in der man gern lebt, leisten möchte.

Die Abwahl des alten Slogans finde ich etwas schade, weil das Üben und Aussprechen des schön-kratzigen Schweizer Wortes »Chrüterchraft« nach dem Genuss von Ricola bei Husten und Heiserkeit zusätzlich befreiend wirkt.

www.ricola.ch

»Wir inszenieren uns nicht. Wir sind so.«

Mürren liegt an der Kante, ist autofrei und authentisch

Wenn man das Vierhundert-Einwohner-Dorf von den weiter höher liegenden Plattformen des »Männlichen«, des »Tanzbödeli« oder auch vom Ende des Lauterbrunnentals mit dem steilen Blick nach oben sieht, erkennt man: Mürren liegt an der Kante. Das Walserdorf, 1257 als Muren erstmals urkundlich erwähnt, ist außergewöhnlich, ja eigentlich sensationell: 1.650 Meter über dem Meeresspiegel, achthundert Meter über dem Lauterbrunnental und über 2.350 Meter unterhalb der Jungfrau, die gleich gegenüber thront.

Wie kommt man hoch, wie kommt man runter?

Was heute für Wanderfreunde mehr oder weniger eine Herausforderung ist, war für die Einwohner von Mürren und Gimmelwald jahrhundertelang Alltag: der Auf- und Abstieg zu Fuß.

Heute fährt die Seilbahn regelmäßig wie ein Bus, und die Reise ist in der Regel ein Vergnügen. Am Seilbahnmast, wenn die Kabine über die Rollen fährt, kommt sie in eine flotte Schwingung, die ein helles Juchzen aus japanischen, amerikanischen, indischen und arabischen Mündern provoziert, in das sich mitunter auch ein kleiner Schreck mischt. Die Einheimischen schmunzeln still vor sich hin.

Und alle hören vorher beim Start der Kabine die »James-Bond-Erkennungsmelodie«. Sie ist seit dem Sommer 2013 Teil einer modernen Multimedia-Präsentation mit Schwerpunkt im Schilthorn-Drehrestaurant, die sich um den Bond-Film »Im Geheimdienst Ihrer Majestät« (1969) mit dem Australier George Lazenby als Geheimagent 007 dreht. Die spektakulären Dreharbeiten mit der Alpenkulisse und der Seilbahn waren für die Betreiber der Schilthornbahn ein finanzieller Segen, und selbst nach mehr als vier Jahrzehnten scheint das aufgefrischte Projekt profitabel zu sein.

Es ist erstaunlich, dass es weltweit so viele Bond-Fans gibt, die zu den Drehorten reisen. Und so nebenbei bekommen sie mit, dass die Schilthornbahn nach ihrem Bau zwischenzeitlich die längste Seilbahn der Welt war –

Schweben auf den Berg …

6.922 Meter lang, allein die dritte Sektion von Mürren nach Birg hat 2.789 Meter. Inzwischen gibt es in Armenien, Schweden oder Mexiko neue Rekordhalter, aber die Fahrt auf das 2.970 Meter hohe Schilthorn beeindruckt nach wie vor.

In der Nähe der Seilbahnstation in Mürren hört man mitunter ein anderes Juchzen. Es stammt vor allem von Mitseglerinnen in den bunten Gleitschirmen, die im »Tandem« oberhalb des Dorfes mit erfahrenen Luftseglern Richtung Tal starten.

Die Kanten, die steil aufragenden Felswände des Lauterbrunnentals, locken seit 2001 verstärkt Basejumper, manche in fledermausähnlichen Anzügen, aus der ganzen Welt an. Bis zu zwanzigtausend Sprünge pro Jahr werden hier absolviert. Bei der Kombination von freiem Fall und Fallschirm geht die Zahl der tödlich Verunglückten in Richtung vierzig. Wo sind die Grenzen für individuelles Risiko und persönliche Freiheit?

Eine Rundreise mit Seilbahn, Zug und Bus

Die Luftseilbahn (LSMS) von Stechelberg nach Mürren (seit 1965) und die Bergbahn Lauterbrunnen – Mürren (BLM, seit 1891) sind existenziell für das Bergdorf und für die Mobilität seiner Bewohner, ermöglichen aber auch Touristen eine Lustrundreise. Sie führt mit der Seilbahn von Lauterbrunnen nach Grütschalp, dann knapp fünf Kilometer mit dem Zug bis Mürren und schließlich per pedes durch den Ort bis zur Seilbahnstation. Von hier geht es über Gimmelwald nach Stechelberg und mit dem Bus zurück nach Lauterbrunnen.

Vor allem über die BLM kommen auch zum großen Teil die Lebensmittel und andere Güter für den täglichen Bedarf der Mürrener und ihrer Gäste, so z. B. der Blumenkohl, der allerdings auf seinem Weg in die Höhe mehrfach umgeladen werden muss: vom Großhandel in den Transporter, vom Transporter in die Seilbahn in Lauterbrunnen, von der Seilbahn auf den Güterwagon in Grütschalp, in Mürren auf einen kleinen Transporter und von dort in die Küche des Hotels. Eigentlich unbezahlbar, aber sowohl die LSMS als auch die Bahn bekommen einen »Zustupf von oben« von jeweils zwei Millionen Franken pro Jahr, auch als eine Voraussetzung dafür, dass der Ort weiter autofrei bleibt.

Diese Autofreiheit war eine gute historische Entscheidung, denn eine Straße, auch mit Tunnel durch die Kante, wäre, wie woanders in der Schweiz vielfach bewiesen, auch schon vor hundert Jahren möglich gewesen. So führt heute nur ein breiter Schotterweg durch den Wald von und nach Lauterbrunnen. In Notfällen, wenn es schnell gehen muss, kommt der Helikopter. Außer bei Nebel. Und so beschränkt sich die Zahl der Kraftfahrzeuge auf das Notwendige – Taxis, Transporter und Landwirtschaftsfahrzeuge, darunter Elektromobile, die aber insbesondere im Winter ihre Grenzen haben, sodass Benziner nach wie vor im Einsatz sind. Dennoch ist Mürren für Verkehrslogistiker ein interessantes Beobachtungsfeld.

Ein Hotel in Mürren als »Goldgrube«?

In Mürren und Umgebung gibt es unzählige sportliche und besinnliche Urlaubsmöglichkeiten. So im Winter mit dem Inferno-Rennen, der längsten Wettkampfabfahrt der Welt, im Frühjahr die Alpen-Blumenwiesen, Dutzende Wanderwege und einen Klettersteig.

Die unverwechselbare Marke von Mürren aber ist der Blick. Eiger, Mönch, Jungfrau und die Viertausender-Kette der Berner Oberalpen auf der anderen Seite des Tals – sozusagen zum Greifen nah. Es ist eine Naturschau in einem Format, wie es kein Großbildschirm und keine Großbildleinwand bieten kann. Größer geht's nicht. Ja, auch bei Postkartenwetter, aber vor allem bei gemischtem Wetter, wenn die Wolken ziehen und das Licht ständig wechselt. Nur bei Nebel und starkem Regen oder Schnee gibt's eine Bildstörung.

Der einmalige Blick ... Das müssen auch die Vorfahren von Adrian Stähli gedacht haben, als sie direkt gegenüber dem Eiger die Pension und das Hotel »Eiger« Ende des 19. Jahrhunderts aufgebaut haben. Seitdem wurde es ständig erweitert. Heute ist das Hotel das erste Haus am Platz, und Adrian Stähli und seine Frau Susanna führen das Hotel in der vierten Generation.

Blick vom Hotelbett aus auf die Eiger-Nordwand

Es gibt ein Foto im Hotelprospekt und im Internet, auf dem man aus dem Bett die Eiger-Nordwand sieht. Und so könnte man mit dem großen Zeh die Route der Erstbesteigung »nachzeichnen«.

Dieser Blick und diese Aktion haben natürlich ihren Preis. Selbstverständlich sind dabei auch die Kosten des Blumenkohls einkalkuliert.

Garantiert hat so mancher Passant oder Gast aufgrund des Standortes gedacht: Das muss eine Goldgrube sein. »Ist es nicht!«, kontert der freundliche und offene Stähli. Es gab natürlich Glanzzeiten, z. B. als die Engländer den Wintersport nach Mürren brachten. Aber das Hotel hat auch bedrohliche Zeiten erlebt. So während der beiden Weltkriege und danach, als das Hotel nur durch die uneigennützige Unterstützung befreundeter Familien aus dem Berner Oberland überlebte.

»Wenn Standort und Energie stimmen, kann man heute einen Hotelbetrieb auf solide Grundlagen stellen«, ist Adrian Stähli überzeugt und praktiziert es seit 2005 als Direktor des Hauses. »Für mich war nach Schule, Ausbildung und Studium in der französischsprachigen Schweiz und in St. Gallen sowie einem längeren Aufenthalt in Australien die Rückkehr nach Mürren eine nicht einfache, aber letztlich dann doch passende Grundsatzentscheidung.«

Und es ist eine Freude, ihn im Umgang mit seinen Hotelgästen aus den USA, Großbritannien, Japan oder China zu erleben. Mit einer großen, nicht aufgesetzten Freundlichkeit. Auch noch nach zwölf oder mehr Stunden auf den Beinen.

Steht das Dorf an der Kante auf der Kippe?

Im rechten Winkel zum »Hotel Eiger« steht das »Alpin Palace«, das größte Hotel in Mürren. Es ist seit 2009 geschlossen. Könnte Adrian Stähli nicht froh sein? Ein Konkurrent weniger? Nein. Zunächst ist es nicht gut für Mürren, dass solch ein über hundert Jahre altes und so großes Haus an exponierter Stelle leer steht. Dass die kasachische Besitzerin zahlungsunfähig ist, sodass im Februar 2013 der Konkurs angemeldet werden musste, steht auf einem anderen Blatt.

»Was die Übernachtungskapazitäten in Mürren anbelangt, sind wir an der Untergrenze.« Sie haben »Kettenwirkung« für den ganzen Ort, für die Wertschöpfung und natürlich auch für die Beschäftigung. »Was die Sicht auf die Hotels anbelangt«, merkt Stähli kritisch an, »muss die Politik umdenken. Ich will keine Subventionen, aber ich möchte auch nicht als Spekulant behandelt werden.«

Der Dreiundvierzigjährige hat von Anfang an viel Energie in das Hotel und in Mürren gesteckt. Er ist davon überzeugt: »Wir sind im Ort eine ›Schicksalsgemeinschaft‹ und haben es selbst in der Hand, was aus Mürren wird.«

Steht der Ort, wie andere Bergdörfer auch, durch den Wegzug, durch die Entvölkerung auf der Kippe? Die Frage verneint Adrian Stähli und widerspricht so Skeptikern im Dorf, die voraussagen, dass sich Mürren zum höchstgelegenen Altersheim der Schweiz entwickeln wird.

Heuernte – keine Inszenierung …

»Die Schule, in die ich selbst gegangen bin, ist gut besucht. Viele Mitarbeiter in Restaurants, Hotels oder bei anderen Tourismusanbietern haben sich gegen die Trennung von Lebensmittelpunkt und Arbeitsort entschieden und wohnen mit ihren Familien in Mürren oder im Berner Oberland.«

Touristisch ist Mürren hoch attraktiv. »Wichtig ist«, so der Hotelmanager, »dass wir authentisch bleiben, allerdings nicht im Sinne von altmodisch oder nostalgisch«.

Klar sind neue Marketingformen wie die »007-Aktion« und Kooperationen nötig. Auch mit dem nahen Interlaken, wo es Dutzende Uhrenläden gibt, die von Guckern und Käufern aus der ganzen Welt belagert werden. »Aber«, so merkt der Mürrener kritisch an, »wer nicht Englisch spricht, sondern auf Schwyzerdütsch nach einer Uhr fragt, wird mitunter geringschätzig angeguckt. Das kann nicht sein.« Wir haben hier nur eine Chance, wenn wir unsere Schweizer Werte hochhalten, auf die Gäste zugehen und unsere Natürlichkeit bewahren, vielleicht mit etwas mehr Freundlichkeit. »Aber sie standardisiert ›aufzusetzen‹, ist hier im Berner Oberland nicht unsere Sache.«

Den Hoteldirektor hat mal ein amerikanischer Gast gefragt, wann das Ressort am Abend schließt. Mit dem »Ressort« hat er das Dorf Mürren gemeint, weil er davon ausgegangen ist, dass das Ganze inszeniert sei. Gut, die Berge nicht, aber die Häuser, die Gärten mit Salat und Kohlrabi, die

Kühe auf der Wiese, die Gämsen und der alte vollbärtige Wiesenbauer, der am Abend durch das Dorf geht.

Stähli hat ihm geantwortet: »Wir inszenieren uns nicht. Wir sind so.« Vor dem Hintergrund einer Zunahme von Walt-Disney-Welten und einer oberflächlichen Kommerzialisierung könnte das zugleich das Programm für die Zukunft des Dorfes an der Kante sein. Und die Mürrener haben damit gute Chancen, »oben« zu bleiben.

■ PS: »Immer wieder Mürren!«

Ja, so unterschiedlich ist das. Im März 2015 schrieb der Chefredakteur des deutschen Magazins »Cicero«, Christoph Schwennicke, nach einem Winterurlaub im Berner Oberland: »Nie wieder Wengen!« Er brachte damit seinen Unmut über das hohe Preis- und niedrige Freundlichkeitsniveau im Zielort des berühmten Lauberhornrennens zum Ausdruck, hat sich aber später doch noch einmal für Wengen entschieden.

Meine Überschrift »Immer wieder Mürren!« ist nun kein argumentativer Gegenentwurf zum Preisniveau auf der anderen Seite des Lauterbrunnentals. Mit dem Preis eines Kalbsschnitzelmenüs in Mürren könnte man in Deutschland tatsächlich eine kleine Familie über die Mittagszeit bekommen. Aber die Preisfrage hatten wir schon, und das Bergdorf liegt durchaus im Preisrahmen der übrigen Schweiz.

Wir entscheiden uns für Mürren aufgrund der spektakulären Lage des autofreien Ortes und aus urlaubsphilosophischen Gründen: Hier sparen wir uns die Energie, die wir bei der Erkundung einer neuen Destination brauchen würden. Wir wissen, wo der »COOP« ist und wo das Rösti am besten schmeckt. Wir wissen also, wo es langgeht – auch auf den mehrfach begangenen Wanderwegen. Und so registrieren wir schnell, was neu ist, was ja auch zu dem PS-Ansatz dieses Buches passt.

Es ist ganz schön, wenn man inzwischen gute Bekannte trifft, zum Beispiel den Direktor Stähli vom »Eiger«, der seine Gäste aus Japan am Abend persönlich von der Seilbahn abholt, oder Maria und Josef aus Kroatien, die seit vielen Jahrzehnten im »Eiger« arbeiten, ihren Enkelsohn zu Besuch haben und nun nach der Pensionierung schon immer konkreter von ihrer Eigentumswohnung zu Hause träumen können …

Eine Attraktion: Der Instabaum

Ein guter Kommunikationstipp

Als Hoteldirektor hat Stähli wirklich viel zu tun, und so empfiehlt er mir, doch einmal Samuel Bichsel, den Geschäftsführer des Alpinen Sportzentrums Mürren AG, zu treffen. Sofort rufe ich an. Freundlich und offen schlägt der Siebenunddreißigjährige einen Termin am nächsten Tag vor.

Auf dem Weg zu ihm komme ich am frühen Vormittag an einem berühmten Baumstamm vorbei, auf dem schon die ersten Fotoposen vor dem Eiger, dem Mönch und der Jungfrau gezeigt werden. Der Instabaum! Er ist ein Podium, um in der Heimat – in Tokio, Delhi oder Los Angeles, aber eigentlich weltweit – berühmt zu werden und vielleicht den Wunsch auszulösen: »Da muss ich hin!« Instagram macht's möglich.

Von einigen Neuigkeiten habe ich schon vor unserem Gespräch mit Samuel Bichsel gehört, und so kann ich gezielt nachfragen. Die Seilbahn von Stechelberg im Lauterbrunnental auf das Schilthorn? Sie wird in einigen Jahren direkt nach Mürren führen, ohne den Umstieg in Gimmelwald. Diese Route über das urige Bergdorf, das wie Mürren autofrei ist, bleibt aber trotzdem bestehen. Sie gehört de facto zum ÖPNV im Berner Oberland und lohnt sich auch für Stammgäste und Neulinge, die Ursprünglichkeit und Originalität lieben.

Mürren an der Kante mit Eiger, Mönch und Jungfrau;
hinter dem Dorf geht es 800 Meter in die Tiefe

Genauso verhält es sich mit dem im Gasthof des Bergdorfes gebrauten Schwarzbier. Es heißt »Schwarzmönch« wie der auf der anderen Seite des Tals stehende 2.648 Meter hohe Berg. Er ist tatsächlich zu klein, um auf den meisten Orientierungskarten des Berner Oberlandes ausgewiesen zu werden. Es ist eben alles relativ.

Große und kleine Investitionen

Eine Idee, wie eine James-Bond-Geschichte mit dem Schilthorn, der Seilbahn und dem Drehrestaurant auf dem 2970 m hohen Gipfel zu verbinden, war »Gold wert«. Mehr noch. In einer Überschrift vom Juli 2019 anlässlich des 50. Jubiläums des Drehs lautete eine Überschrift »James Bond rettete die Schilthornbahn.« Sie war nicht nur für das teure Projekt ein Segen, sondern das Berner Oberland profitiert bis heute davon. Und so klingt in den Kabinen der Seilbahn immer noch die Bond-Melodie.

Der Sommer 2019 war nicht nur ein großes Jubiläum, an dem auch der Hauptdarsteller George Lazenby teilnahm, sondern es wurden durch die Aktionäre der Schilthornbahn AG auch die »Weichen« gestellt, sprich die Schritte für die Modernisierung des gigantischen technischen Projekts entschieden.

Ein Ziel der großen Investition von neunzig Millionen CHF ist eine Verdoppelung der Personentransportkapazität auf der Linie »Stechelberg – Schilthorn«.

Optimistischen Aufwind für die Pläne lieferte das erfolgreiche Jahr 2018, ein Rekordjahr bei den Sommer- und Wintereinnahmen. Corona hat dann natürlich auch hier »eingeschlagen«. Die Einnahmen halbierten sich 2020. Eine Gegenmaßnahme ist ein vorübergehender Verzicht der Aktionäre auf Dividende. Aber der optimistische Blick auf das Projekt »Schilthornbahn 20XX« bleibt. Wohl auch bei vielen Bewohnern von Mürren …

Rund sechzig Millionen Franken werden in den kommenden Jahren in die Bergbahn »Lauterbrunnen – Mürren« (BLM) investiert. Hier wird neben der Verbesserung der Bahnhofs-Infrastruktur und der Gleisbegradigung auch neues Rollmaterial angeschafft. Ob nach der Modernisierung noch etwas vom »Bahncharme« der 1970er-Jahre erhalten sein wird, bleibt abzuwarten.

Der drohende Niedergang des größten Hotels am Platz, des »Alpin Palace«, ist zunächst mit einer scheinbar »kleinen Lösung« abgefangen. Insgesamt werden in dem ehemaligen Hotel sechsundzwanzig Zimmer unter dem Namen »Pop-up Lodge Mürren« betrieben. Zusätzlich wurde im ehemaligen Personalhaus des Hotels eine »Sport Lodge« mit einundzwanzig günstigen Etagenduschen/WC-Zimmern eröffnet. Die Leistungen wie Rezeption, Housekeeping oder Frühstück werden durch das Alpine Sportzentrum eingekauft.

Samuel Bichsel zeigt sich optimistisch: »Mit dieser Übergangslösung verhindern wir den Niedergang des prächtigen Hotels und bleiben weiterhin mit interessierten Investoren im Gespräch, um letztlich eine Gesamtrenovierung realisieren zu können.«

Gut für Mürren ist auch, dass die Hotels »Edelweiss« und »Alpenruh« kräftig investieren.

Keine große Investition ist für den Instabaum notwendig: Ein neuer Stamm und ein Umfeld, das auch bei Nässe sicher begehbar ist, und danach ist er wieder eine kostenlose weltweite Werbung für Mürren …

www.muerren.swiss

Der Versuch der Annäherung an ein tickendes Phänomen

Vom Geheimnis der Attraktivität der Schweizer Uhren

Zuerst kommt ein Geständnis: Ich muss zugeben, dass ich bis zu meiner Ankunft in La Chaux-de-Fonds am Rande des Schweizer Jura kein besonders enges Verhältnis zu Uhren hatte. Sie waren mir bis dahin eher gleichgültig. Klar habe ich zum Schulanfang eine erste kleine Uhr geschenkt bekommen, und zur Jugendweihe haben Oma, Opa, Tante und Onkel zusammengelegt, um mir als Zeichen des Erwachsenwerdens eine richtige Uhr zu schenken. Es war eine »Tschaika«, ein sowjetisches Produkt, zu Deutsch »Möwe«.

Die Jüngeren haben ihrerseits wiederum zusammengelegt, um dem einen oder anderen Familienmitglied beim Eintritt in die Rente eine »gute Uhr« zu schenken. In der DDR wurden Uhren unter anderem in Glashütte und in Ruhla produziert. Es gab im Volksmund die mehr oder weniger witzigen Werbesprüche »Ruhla-Uhren sind die schnellsten der Welt« und »Sie gehen nach wie vor«.

Klar, dass man mit Uhren und mit der Zeit immer etwas zum Kommunizieren hat und auch dem einen oder anderen hypercholerischen Kollegen sagen kann: »Wenn man dich nach der Zeit fragt, muss man damit rechnen, dass du antwortest: ›Das hab ich dir doch gestern schon gesagt!‹«

Ich hatte immer eine Uhr, wusste, was die Stunde geschlagen hat, und komme gern pünktlich zu meinen Verabredungen. Der Preis meines aktuellen Zeitmessers lag im unteren dreistelligen Eurobereich. Sie funktioniert minutengenau. Nun gut, ab und an justiere ich den Sekundenzeiger mithilfe von Uhrzeitvergleichen neu, was heutzutage kein Problem ist: Ich schaue auf mein Handy oder auf eine der vielen öffentlichen Uhren, die es natürlich auch in der Schweiz mehr als irgendwo anders gibt.

Zum Beispiel die Bahnhofsuhr in Aarau. Sie hat einen Durchmesser von neun Metern und ist damit die größte Bahnhofsuhr Europas. Die Zeiger wiegen bis zu hundertfünfzig Kilogramm!

Die riesige Bahnhofsuhr in Aarau

Deutlich kleiner und leichter sind die Uhren, die in La Chaux-de-Fonds und in Le Locle produziert werden. Mit einer langen Tradition, wie bei »Favre-Leuba« (1737) oder »Girard-Perregaux« (1791).

Die Luxusuhrenbranche – setzt sich Klasse durch?

Natürlich habe ich mich auf die Reise in die Schweizer Uhrenstädte vorbereitet und mir im Internet diverse Seiten angesehen. Hier stoße ich auch auf den Spruch: »Nichts prägt den Stil eines Mannes mehr als seine Uhr!« Oha, denke ich und staune natürlich noch einmal, als ich auf Uhrenpreise auch im fünf- und sechsstelligen Bereich und auf die Produktions- und Exportzahlen stoße. Und in einer letzten kritischen Aufwallung schreibe ich in mein Notizbuch: »Warum braucht die Welt so teure und so viele Schweizer Uhren?« Wohl auch, weil ein Image da ist, das mit den Eigenschaften »Qualität, Präzision, Einzigartigkeit, Beständigkeit, Tradition und Design« verbunden wird.

Meine erste Schweizer Uhr hatte ich 2005 in Shanghai in der Hand. Zwei Straßenhändler hatten die Innenseiten ihrer Sakkos damit behängt, öffneten sie wie Schmetterlingsflügel und entfalteten die ganze Pracht der Kopien. Schätzungsweise vierzig Millionen sind weltweit im Umlauf. Plumpe, die kurz nach dem Kauf einfach stehen bleiben, oder raffinierte, wo nur Spezialisten den Betrug entdecken. Ähnlich wie bei der Schweizer Schokolade unternimmt die »Fondation de la Haute Horlogerie (FHH)«, der »Schweizerische Verband der Uhrenindustrie«, intensive Anstrengungen, um den Schwindel einzudämmen, z. B. mit dem Zeichen »Swiss made«.

Betrachtet man die letzten anderthalb Jahrhunderte der Schweizer Uhrenindustrie mit schweren Rückschlägen, z. B. durch das Aufkommen industrieller Fertigungsmethoden in den USA am Ende des 19. Jahrhunderts oder mit dem »Verschlafen der Quarzrevolution« achtzig Jahre später, muss man resümieren: Kreativität und Klasse setzen sich letztlich durch! Auch wenn die Impulse für eine Renaissance der klassischen Schweizer Uhrenindustrie durch Zeitmesser kamen, die von den technischen Raffinessen eines Uhrwerks so weit entfernt waren wie die Schweiz vom nächsten Meeresstrand: Swatch-Uhren, die 1983 durch Nicolas Hayek auf den Markt kamen – die Uhr als modisches Accessoire.

Heute ist die Schweiz auch wieder führend im Segment »mechanische Luxusuhren«. Insgesamt werden für rund einundzwanzig Milliarden Franken Uhren exportiert, der Sektor der Luxusuhren über dreitausend Schweizer Franken wächst hier am kräftigsten.

Hauptexportmärkte sind Hongkong, die USA, China, Deutschland, Italien, Frankreich, Singapur und Japan. Man kann sich über den Boom der Luxusuhren wundern oder nicht, man kann den Kopf schütteln oder nicht. Fakt ist, dass die Nachfrage nach Luxus da ist. Die Gründe hierfür sind vielfältig: Prestige spielt ebenso eine wichtige Rolle wie Selbstbestätigung und das Bedürfnis nach sicheren Wertanlagen oder einfach nur die Sammelleidenschaft. Die muss man sich dann auch leisten können …

Die Notwendigkeit der Anzeige einer exakten Uhrzeit kommt in diesem Ranking vielfach an letzter Stelle. Auch weil die nächste Bahnhofsuhr nicht weit ist.

Stephen Forsey

Bei den Uhrenkünstlern Greubel und Forsey

Zwischen La Chaux-de-Fonds und Le Locle ist auf der grünen Wiese der Firmensitz von »Greubel Forsey«. Weltberühmte gestandene Nachbarn in diesem Industrie- oder besser Manufakturgebiet sind unter anderem »Jaquet Droz« und »Patek Philippe«. Die Firma wird 2014 bereits hundertfünfundsiebzig Jahre alt.

Während diese Firmen in großen quaderförmigen und langgestreckten Gebäuden Uhren produzieren, betritt der Besucher die Manufaktur »Greubel Forsey« über ein altes Bauernhaus aus dem frühen 18. Jahrhundert. Erst nach dem Durchqueren des sorgsam restaurierten Hauses, das als Kreativ- und Ruheort dient, öffnet sich die moderne lichtdurchflutete Fertigungshalle, in der die Materialien Holz und Glas dominieren. »Dieser Kontrast zwischen traditionell und modern gefällt uns und spiegelt in gewisser Weise auch das Wesen der heutigen Uhrmacherkunst wider«, sagt der gebürtige Engländer Stephen Forsey, der gemeinsam mit dem aus dem Elsass stammenden Robert Greubel im Jahre 2004 mit der Gründung ihrer Firma ein Ausrufezeichen in die Schweizer Uhrenlandschaft gesetzt hat.

Konzentration als Voraussetzung von Präzision

Beide Uhrmacher haben natürlich nicht bei null angefangen, sondern ihre Firma »Greubel Forsey« basiert auf langen Familientraditionen und auf eigenen Berufserfahrungen. Bereits seit 1992 arbeiteten beide bei »Renaud & Papi« und entwickelten hier hoch komplizierte Uhrwerke.

Mit ihrer eigenen Firma konnten sie von Anfang an eine reiche »Ernte« in Form von Auszeichnungen einfahren. Und immer wieder taucht dabei der Begriff »Tourbillon« auf. Die Vorrichtung wurde beim Übergang von Standuhren zu tragbaren Taschen-, aber vor allem auch für Armbanduhren entwickelt, um Fehler in der Ganggenauigkeit durch die Schwerkraft zu kompensieren. Der Erfinder des Tourbillon war 1795 Abraham Louis Breguet (1747–1823).

Zu den kreativsten Enkeln von Breguet gehören ohne Zweifel Greubel und Forsey, die die praktische Erfindung nicht nur anwenden, sondern auch ständig weiterentwickeln, nicht nur einfach oder doppelt, sondern auch als »Quadruple Tourbillon«, zwei Doppel-Tourbillons in vier Tourbillon-Käfigen. Wirbelwinde, so die deutsche Übersetzung, die man beim Blick auf die Uhrzeit auch sehen kann, ebenso wie die Uhrzeit in Sydney oder Los Angeles. Faktisch ist das ein mechanisches Handy, eingefasst in Rotgold. Titan oder das eine oder andere weitere edle Material sind auch dabei.

Neben dem extrem hohen geistigen und fingerfertigen Aufwand bei dieser technischen Raffinesse macht das letztlich auch einen Preis aus, der die »Schallgrenze« durchbricht. Zu den »Top Fünf« der teuersten Uhren der Welt gehört das Modell Art Piece 1 von »Greubel Forsey«. Kostenpunkt: anderthalb Millionen Schweizer Franken plus Steuer.

In einer Beschreibung heißt es: »Der Miniaturkünstler Willard Wigan schuf eine rekordverdächtig kleine Mikroskulptur für die Uhr. Unter dem Mikroskop und mit einem Skalpell kreiert Wigan Figuren aus Haar, Reis oder Gold, die kleiner als einen Millimeter sind. Die Uhr verfügt zudem über das Double Tourbillon 30°, also ein Doppeltourbillon mit um dreißig Grad gekippten Achsen.«

Das »Grüne Gewölbe« im sächsischen Dresden, insbesondere mit dem Kirschkern, in den hundertfünfundachtzig Gesichter eingraviert sind, lässt grüßen.

Aber es müssen nicht die Miniaturen sein, die Fingerspitzengefühl und höchste Präzision verlangen. Auch der »normale« Fertigungsprozess nötigt dem Besucher Staunen und Respekt ab.

Uhrmacherinnen und Uhrmacher arbeiten konzentriert in einer ruhigen, hellen Atmosphäre. Siebzig Mitarbeiter sind hier beschäftigt, darunter auch einige in Teilzeit.

Stephen Forsey zeigt verschiedene »Workshops«, wie er die einzelnen Räume und Abteilungen nennt, darunter solche mit Vorrichtungen zur Herstellung der Uhrenkomponenten, eine Teststrecke mit Rüttel- und Langzeitmodulen und nicht zuletzt den »Design Workshop«. Die Art der Führung von Forsey und seiner Marketingchefin Angela Landone passt zu dem lichtdurchfluteten und transparenten Gebäude. Hintergrund ist wohl auch hier ein kräftig-gesundes Selbstvertrauen, das für Misstrauen keinen Platz lässt.

Ich kann alles fotografieren, bis auf die Gravierungen in den Uhrkunstwerken, die von den künftigen Besitzern in Auftrag gegeben wurden. Rund hundert Uhren werden hier pro Jahr produziert – oder besser: hergestellt. »Wir produzieren nicht im industriellen Sinne am Fließband, sondern im Fokus stehen Qualität und Präzision, die über einzelne Uhrmacher garantiert werden.« »Meine Hand für mein Produkt!« »Mon dieu« – die ganze Zeit an einer Uhr …

Die Serien sind klein, sie gehen pro Typ oft nicht über sieben oder acht Exemplare hinaus. Die Wartezeit für eine Uhr beträgt ein Dreivierteljahr, bei Sonderwünschen verlängert sie sich noch einmal um einige Monate.

Wie ist das mit Ideen für neue Uhren? »Robert Greubel und ich arbeiten jetzt mehr als zwanzig Jahre zusammen, und so entwickeln wir auch im ständigen Dialog unsere Ideen. Als wir 2004 mit unserer eigenen Manufaktur begannen, hatten wir Ideen für zehn bis fünfzehn Jahre. Heute, ein Jahrzehnt später, haben wir Ideen für die nächsten zehn bis fünfzehn Jahre …«

Die Uhrmacher Greubel und Forsey, die eigentlich Uhrkünstler sind, gehören offensichtlich zu den »Besessenen« und zu den Besten ihrer Zunft, die schon mehrfach vom Aussterben bedroht war.

Um dem prophylaktisch entgegenzuwirken und um junge Leute für das jahrhundertealte Uhrmacherhandwerk zu begeistern, haben beide gemeinsam mit dem unabhängigen Uhrmacher Philippe 2012 eine »Non-Profit-Initiative« ins Leben gerufen, in die sie ihre eigenen Erfahrungen und Fertigkeiten einbringen. Der Höhe- und Schlusspunkt des Besuches in dieser wundersamen Uhrenwelt ist ein Abschlussgespräch im alten Bauernhaus. »1714« ist an einer Stelle stilvoll eingemeißelt.

In den Raum kommt eine Mitarbeiterin, verteilt Stoffhandschuhe und bringt anschließend ein mit Samt bezogenes Tablett mit sechs Uhren, Kunstwerken, Kirschkernen …

Noch einmal »Oha!«. Die Uhren auf dem samtenen Tablett haben einen Wert von rund drei Millionen Schweizer Franken.

Als ich nach der Präsentation in meiner Hosentasche nestle, um ein Schnupftuch herauszuholen, meint Forsey augenzwinkernd: »Lass dein Geld stecken, auch die sind alle vorbestellt …«

Der Klassiker im Doppelpack. Uhrenvergleich?

■ PS: Die Bahnhofsuhr am Handgelenk und ein Kontra zur Digitalisierung – Eine zeitlose Uhr ist am bekanntesten

Rund um die Schweizer Uhr gibt es unzählige Attribute: die größte, die kleinste, die teuerste, die schönste ... Die bekannteste und vertrauteste wird nicht von großen Weltmarken produziert, sondern es ist die Schweizer Bahnhofsuhr, die 2019 bereits fünfundsiebzig Jahre ihren Dienst tat.

Es ist, außer der eigenen Armband- oder Taschenuhr bzw. mittlerweile auch dem Handy, die Uhr, die in der Schweiz am meisten genutzt wird. Zum Beispiel an den 793 Bahnhöfen der SBB mit Millionen Reisenden pro Tag. Allein in Zürich sind es pro Werktag 443.000 Menschen, in Bern 326.000 und in Basel 134.000, die, nachdem sie die Uhrzeit auf dem einfachen Ziffernblatt mit schwarzen Balken und Zeigern kontrolliert haben, entweder einen Schritt zulegen oder sich in aller Ruhe noch eine Zeitung kaufen. Wenn der rote Sekundenzeiger mit der symbolisierten Abfahrtskelle auf dem Balken, wo sonst die Zwölf ist, kurz stehen bleibt, ahnen auch Touristen aus Übersee, dass das kein Pünktlichkeitsmakel der Schweizer ist, sondern das Gegenteil. Das Innehalten des Zeigers für anderthalb Sekunden unterstreicht zum Beispiel bei der Abfahrt: »Gleich geht's los!«

Entworfen hat die genial einfache Uhr für die Schweizerischen Bundesbahnen der Ingenieur und Designer Hans Hilfiker (1901–1993).

Inzwischen ist das Design des Zifferblattes auch international verbreitet und berühmt. Und wer nicht mit der Bahn fahren muss, weil er z.B. einen Tag freihat, kann sich seit 1986 eine entsprechende Armbanduhr der Firma »Mondaine« kaufen und hat die berühmte Uhr am Handgelenk.

Der Versuch von »Apple«, die Schweizer Bahnhofsuhr auf dem iPhone und dem iPad zu verwenden, kostete rund zwanzig Millionen Schweizer Franken und brachte die Erkenntnis mit sich: Selbst scheinbar einfache Dinge haben ihren Preis.

Wie tickt die Schweiz auf dem Weltuhrenmarkt?

Die Analyse der Entwicklung der Schweizer Uhrenindustrie und ihres Exports, der bei einem Volumen von zwanzig Milliarden Schweizer Franken liegt, liest sich mitunter wie ein spannender Krimi. Die Überschrift »Die

Schweizer Uhrenindustrie gerät aus dem Takt« lässt allerdings Schlimmes vermuten. Gemeint ist, dass 2019 nicht die Exporterlöse erreicht werden wie 2018. Dennoch steigen sie um vier Prozent, so die Prognosen Anfang 2019. Vieles hängt vom chinesischen Markt ab, auf dem nach wie vor ein erstaunlicher »Luxushunger« herrscht, der vermutlich weiter wachsen wird. Heute werden rund ein Drittel der weltweit erzeugten Luxusgüter von Chinesen gekauft.

Unter den Top Ten der weltweit verkauften Uhren rangieren neun Schweizer Firmen. An der Spitze stehen unangefochten »Rolex« und »Omega«, nur »Seiko« aus Japan ist in diese Phalanx eingebrochen.

Hochinteressant ist die gute Entwicklung des Gebrauchtuhrenmarktes und hier insbesondere der mechanischen Uhren, sozusagen als individuelles Kontra zur allgegenwärtigen Digitalisierung.

Logisch ist, dass die Uhrenkünstler Greubel und Forsey keine Ambitionen haben, im Mengenwettlauf der Top Ten der Uhrenexporte mitzumachen, denn sie bedienen den Uhrenkunstmarkt und auch den Markt für hochwertige Gebrauchtuhren. Eine Greubel Forsey GMT Earth in White Gold Ltd Edition führt bei »Chrono 24« die Auswahl mit 438.144 Euro an. Der Versand ist übrigens kostenlos …

www.greubelforsey.com
www.chrono24.ch

»NZZ«: Abwarten oder offensiv sein?

Der Weg der »NZZ« in die digitale Welt

Ein Gespenst geht um in Europa. Allerdings nicht nur hier, sondern in der ganzen Welt. Auch in der Schweiz? Es geht mit der Entwicklung neuer Informations- und Kommunikationstechnologien wie Internet oder Social Media einher, die letztlich zum Rückgang der Auflagen und Werbeeinnahmen der Printmedien und zum scheinbar unvermeidlichen Zeitungssterben führt.

Rainer Stadler von der »Neuen Zürcher Zeitung« schätzt, die Statistik auswertend, dass trotz rasantem Medienwandel die Leserzahlen der Schweizer Presse einigermaßen stabil sind.

Die Schweiz ist keine Insel. Und doch kommt die Frage auf, ob hier die Auswirkungen dieser Revolution andere sind, ob die Schweizer Zeitungsmacher andere Rezepte oder überhaupt welche haben, um dieser substanziellen Strukturkrise zu begegnen. Und um das Kulturgut Zeitung zu retten.

Es gibt weltweit Beispiele, so in den USA, wo sich Dutzende Lokalzeitungen für immer vom Markt verabschieden oder überregionale Zeitungen vollständig ins Internet wechseln. In der Bundesrepublik hat im Dezember 2012 die »Financial Times Deutschland« ihr Erscheinen eingestellt. Die Zahl der Zeitungen in Deutschland ist von 426 (1992) auf 333 (2012) und die Auflagenhöhe von 22,6 Millionen (2003) auf 18,4 Millionen im Jahre 2012 gesunken.

Als eine Wesensart vieler Schweizer wird der Konservatismus, gemeint ist hier die Form und nicht der Inhalt, auch im Sinne von langsam, abwartend und abwägend zitiert. Vielleicht hat der Konservatismus der Leserschaft, die nicht so rasch in die neuen sozialen Medien mit Facebook oder Twitter wechselt, eine aufschiebende Wirkung? Oder: Ist eine konservative Zeitung vor panischen Aufgeregtheiten bei der Umstellung des Blattes auf einen vermeintlich veränderten Publikumsgeschmack weitgehend gefeit, kommt also ohne größere Buchstaben, schrillere Bilder und eine Zunahme von Boulevardthemen aus?

Von der Schiefertafel zum Laptop

Als diesbezüglichen Betrachtungsgegenstand bietet sich eine der ältesten deutschsprachigen Zeitungen an. Sie wurde am 12. Januar 1780 zunächst als »Zürcher Zeitung« gegründet und erscheint seit 1821 als »Neue Zürcher Zeitung«, heute berühmt auch als »NZZ«.

Eine weitere Zäsur in der langen Geschichte des Blattes ist die Gründung einer Aktiengesellschaft im Jahre 1868. Hundert Jahre später erscheint die »NZZ« immer noch dreimal am Tag. Erst 1969 beschränkt sie sich auf zwei Ausgaben täglich, und seit 1974 kommt sie nur noch einmal heraus.

1975 durchbricht die Zeitung die Auflage von hunderttausend Exemplaren. Heute liegt sie bei knapp hundertdreißigtausend. Bei diesen Zahlen muss man immer bedenken, dass die Schweiz nur ein Zehntel der Einwohner Deutschlands hat und es knapp 4,5 Millionen deutschsprechende erwachsene Schweizer – und damit potenzielle Zeitungsleser – gibt.

Also: Wie geht es der »Neuen Zürcher Zeitung«?

Das Redaktionsgebäude der »NZZ« in der Falkenstraße 11 ist schnell zu finden. Das 1894 erbaute Haus im massiven Gründerzeitstil liegt in der direkten Nachbarschaft der Oper unweit des Zürichsees. Ich bin verabredet mit Christoph Wehrli, der vom Jahrgang her mein Klassenkamerad hätte sein können und der zu der Generation gehört, die lange Zeit ihre Texte mit einer mechanischen Schreibmaschine geschrieben hat, mit Rasierklinge oder Tipp-Ex korrigierte und natürlich auch ihre recherchierten Informationen aus Zeitungen oder Büchern abschreiben musste. Schere und Klebstoff gehörten zu wichtigen Arbeitsutensilien. Eine Schülergeneration vor uns wurde das »Schönschreiben« noch auf der Schiefertafel mit einem Griffel geübt. Der Vorteil gegenüber den späteren Schreibheften war die unkomplizierte Möglichkeit des Löschens von Buchstaben oder auch der ganzen Seite. Mit dem Speichern war es damals etwas schwieriger, es sei denn, man hatte sich das Wichtigste gemerkt.

Viel Bewegung im Haus der »Alten Tante«

Christoph Wehrli gehört zu den dienstältesten Redaktoren der »NZZ«. Der groß gewachsene, schlanke Mann ist Redaktor, also Redakteur, und seit 1979 in der Inlandredaktion der »NZZ«. Seine Themen sind vor allem Universitätspolitik, Ausländer- und Asylpolitik, Entwicklungszusammenarbeit und Kirchenfragen.

Der Journalist genießt seit Anfang der 1980er-Jahre das Privileg, in einem Einzelbüro arbeiten zu können. Das ist mit der Verführung verbunden, alles zu sammeln, was wichtig und brauchbar ist an Büchern, Papieren oder Zeitschriften. Die Frage, ob Dinge von vor dreißig Jahren dabei sind, habe ich vergessen zu stellen, auch weil ich einfach die wunderbare kreative Unordnung genossen habe.

Bevor wir uns in Aspekte der Zeitungsgeschichte und -zukunft vertiefen, zeigt mir der geborene Zürcher das Haus, den Flur und das Treppenhaus mit sonderbar grünen Kacheln, andere Büros mit einem urzeitlichen Briefkasten an der Tür, einer frühen »Mailbox«, die auch von innen geleert werden konnte. Und das Sitzungszimmer, an dessen Tür auf einem Emaille-Schild »Verwaltungskomitee« steht.

Den Raum dominiert ein großer runder Tisch, und die Wände zieren die Porträts des Gründers der Zeitung Salomon Gessner und von weiteren prägenden Persönlichkeiten des Blattes. Hier ist alles wie früher.

Sitzungsraum der »NZZ«

Christoph Wehrli: »An Stoff gibt es keinen Mangel ...«

Christoph Wehrli spricht mit mir über die liberalen Grundsätze der »NZZ«, über den Hintergrund der Aktiengesellschaft und über die Tatsache, dass ein Aktionär Mitglied der FDP sein oder zumindest keiner anderen Partei angehören sollte. 1995 erschien die internationale Ausgabe der »NZZ«, und danach gab und gibt es nahezu im Jahresrhythmus Neuerungen rund um die »NZZ« bzw. die »NZZ Mediengruppe«, wie die Lancierung der »NZZ am Sonntag« (2002) oder die neue Organisationsstruktur der »NZZ« mit zwei Geschäftsbereichen (»NZZ AG« und »Freie Presse Holding AG« – 2006).

Also viel Bewegung im Haus der »Alten Tante«, wie die »NZZ« auch genannt wird, inklusive eines neuen, aber weiterhin unaufgeregten »Make-ups« der Tante selbst im Jahre 2009.

1997 startete »NZZ Online«, und damit sind wir bei dem Thema, das vielfach als Gespenst, aber natürlich auch als Chance angesehen wird: die Welt der Digitalisierung. Seltsam. Es ist nur ein Berufsleben, in dem die individuellen Möglichkeiten und Technologien des mühseligen Recherchierens, Schreibens und Kommunizierens total revolutioniert und erleichtert wurden. Von der Schiefertafel zum Laptop. Der Pakt mit der teuflisch scheinenden Technik brachte zunächst wunderbare Ergebnisse auf der aktiven

Seite des Zeitungmachens und ist inzwischen auf der passiven Seite, beim Konsum der Neuigkeiten über Internet und Neue Medien angelangt.

Und die spannende Frage lautet: Frisst diese Revolution die Zeitung?

Lob der Langsamkeit oder kraftvolle digitale Offensive?

In unsere Diskussion bringt sich Rainer Stadler ein, seit 1989 bei der »NZZ«, ein knappes Jahrzehnt jünger als wir und verantwortlicher Redaktor für Medienpolitik, Medienberichterstattung und medienethische Fragen. Er beobachtet den Medienmarkt und konstatiert, dass auch die Schweizer Presse an Reichweite verliert, allerdings erfolgt der »Sinkflug« von einem hohen Niveau aus. Auch die Auflage der »NZZ« ist von knapp 151.000 (2005) auf 129.657 (2012) gesunken. Vielleicht wird der Sonntag der Zeitungslesetag? Die »NZZ am Sonntag« konnte im gleichen Zeitraum ihre Auflage um rund 15.000 erhöhen und liegt jetzt bei über 130.000. Stadler macht noch eine interessante Feststellung. Im Herbst 2012 dominieren noch nach wie vor die »gedruckten News«. Die Reichweite der »NZZ« beträgt knapp 300.000, die ihrer Website liegt bei 115.000.

Seit einigen Jahren besteht das Gespenstische der Digitalisierung darin, dass niemand voraussagen kann, wo die Kommunikationsreise hingeht und wie z. B. der Onlinebetrieb der Zeitungsverlage betriebswirtschaftlich erfolgreich gestaltet werden kann. »Kein Verlag, niemand«, so der im Frühjahr 2013 eingesetzte neue Verwaltungsratspräsident der »NZZ«, Etienne Jornod, in einem Interview vom 16.04.2013, »hat diese fundamentalen Veränderungen so vorausgesehen. Das ist dramatisch«.

Aber, so die allgemeine Einschätzung von Beobachtern: »Die Schweizer sind immer noch ein Volk von Zeitungslesern«. Und vielleicht kommt auch in diesem Prozess den Eidgenossen ihre ihnen eigene Zurückhaltung und abschätzende Langsamkeit entgegen? Alpenmilch oder Kräutertee trinken und abwarten, wo die Reise in Deutschland, in den USA oder in Österreich hingeht? Ist das der Schweizer Umgang mit dem »Gespenst Digitalisierung«?

Mitnichten. In einem Interview ein halbes Jahr später gibt Jornod in der »NZZ« vom 26.11.2013 die Richtung vor: »Wir müssen die ›NZZ‹ und unsere anderen Medien erfolgreich auf die digitale Welt ausrichten – mit unseren heutigen treuen Leserinnen und Lesern und mit neuen Generationen von Lesern und Kunden.« Das klingt zwar ein bisschen wie die Losung: »Wir wissen zwar nicht, wo es langgeht, aber das mit ganzer Kraft.« Aber zwei Prämissen scheinen ganz klar zu sein: »Wir sind dem Qualitätsjournalismus verpflichtet, wollen sicherstellen, dass das liberale Gedankengut unsere Basis bleibt«. Egal ob in Printform oder digital.

So mancher Zürcher wundert sich heute noch immer, wenn er in der Straßenbahn die Durchsage des Schaffners auf Hochdeutsch hört. Aus der gleichen reflexartigen Schweizer Schublade kommt das Wundern und das Nachfragen, warum an der Spitze der »NZZ« zwei Männer stehen, die nicht aus Zürich bzw. wenigstens aus der Deutschschweiz stammen.

Etienne Jornod stammt aus der französischsprachigen Schweiz, lebt heute in Bern und betont kämpferisch, dass er »Weltbürger« sei. Der im Herbst 2013 neu eingesetzte CEO, Veit Dengler, ein gebürtiger Österreicher, ist nicht nur kein Schweizer, sondern auch »branchenfremd«. Auch hier gibt sich Jornod kämpferisch und argumentiert, dass erfolgreiche Geschäftsmodelle im digitalen Bereich bisher in der Regel von Unternehmen außerhalb der Medienbranche kamen.

Wie muss eine Zeitung heute sein?

Na, mal sehen. Nicht »mal sehen«, sondern zu machen ist die tägliche Zeitung. Und hier stehen die Zeitungsredaktionen vor einer schicksalhaften Richtungswahl.

Erste Variante: »Wir machen es dem Leser einfacher. Er will nicht mehr so viel lesen. Größere Buchstaben, reißerische Überschriften und geile Fotos ...« Und bei allem gilt es, die Kosten zu senken. Zum Beispiel durch das Streichen des Gehalts des Endkorrektors oder der Endkorrektorin. Seine oder ihre Einsparung bringt dem Leser hie und da mal etwas mehr Spaß, aber letztlich ist es ein Verlustgeschäft. Wenn in einer Regionalzeitung im deutschen Nordosten in der Überschrift ein »Drei Lieter Auto« erscheint, wird die Spriteinsparung durch den Mehreinsatz von Druckerschwärze wieder verplempert.

Das wird der »NZZ« nicht passieren, denn hier kommt nur die zweite Variante infrage. Sie setzt auf unabhängige Redakteure und Qualitätsjournalismus und will sich so unentbehrlich machen. »Wer verifizierte Informationen will, geht zur ›NZZ‹.«

Gute Beispiele, wie mit Qualität gewonnen wird, sind »Die Zeit« und die »FAZ«, die ihre Auflage nicht nur halten, sondern auch steigern. In der gleichen Liga spielt die »NZZ«, die, so Jornod, »noch sehr lange eine gedruckte Ausgabe haben wird«. Also: vorwärts zum 235. Geburtstag des Blattes im Jahre 2015.

Und es gibt noch einen Lichtblick: Technologische Neuerungen verdrängen alte Technologien ziemlich radikal. Die Dampfmaschine, der Fernschreiber oder die Schreibmaschine ... Niemand vermisst heute das Telegramm, die Mail hat es einfach überflüssig gemacht. Aber in einigen Bereichen haben sich alte kreative »Technologien« erhalten, weil sie mit besonderen Erlebnissen und Gefühlen sowohl der Macher als auch der Konsumenten verbunden sind. Trotz Fotografie gibt es ein breites Spektrum der Malerei und Grafik, und trotz Kino und TV gibt es immer noch das Theater. Die musikalischen Wiedergabetechniken sind heute in breiter Vielfalt qualitativ hervorragend, und es gibt nach wie vor Konzerte. Und auch beim guten alten Buch sind die Zukunftsaussichten trotz E-Book nicht schlecht.

Vielleicht kann man in diese Liste auch die Zeitung einordnen. Nicht alle, aber die besten. Und die »NZZ« hätte so gute Chancen, ihren 250. Geburtstag im Jahre 2030 zu feiern.

■ PS: Die sehr guten Texte sind analog und digital der »Speck«!

Die Frage, die sich bei meinem Besuch in den Redaktionsräumen in der Zürcher Falkenstraße im Jahre 2013 stellte, »Abwarten oder offensiv sein?«, hat sich erübrigt: Schon bald war klar, dass es zur Digitalisierung keine Alternative gibt.

Auf der einen Seite ging es mit dem digitalen Übergang schneller als gedacht. Auf der anderen Seite braucht alles seine Zeit. Die Auflagenhöhe der Druckausgabe der »NZZ« ist immer noch sechsstellig, auch wenn sie weiter nach unten gegangen ist: von hundertzwanzig- (2013) auf knapp über hunderttausend (2019) bei den verkauften Exemplaren. Allerdings ist der Umsatzrückgang auch auf eine neue Organisationsstruktur der »NZZ Mediengruppe« zurückzuführen.

Das Foto täuscht. Auch die klassische Redaktion wird nicht dichtgemacht!

Mit dem Aufkommen der digitalisierten Ausgabe vor einigen Jahren konnte der Leser noch ohne Bezahlung die Texte lesen – auch weil die Bereitschaft der Leserschaft zum Bezahlen noch nicht da war. Inzwischen ist es oft so, dass der Text nach der Überschrift und einigen Sätzen verschwimmt. Nicht etwa, weil der Text so lustig oder traurig und somit »tränenreich« würde, sondern es ist das Zeichen, ans Bezahlen zu denken, beziehungsweise die Aufforderung, ein Probeabo abzuschließen. Nach Ablauf einer gewissen Frist kostet es natürlich. »Sie brauchen dann nichts zu tun. Die Lieferung und die Abrechnung läuft weiter.« Auch wenn der Probeleser vergisst, das Probeabo zu kündigen, das Ganze ist in der Regel fair. Eine Kündigung des dann regulären Abos ist jederzeit möglich. Die

Geschichte mit dem Speck und den Mäusen ist bekannt, hier ist es oft mit Texten und Lesern so. Und die eigene Erfahrung zeigt: Warum eigentlich nicht digital?

Dabei ist die »NZZ« noch recht günstig. Das digitale Monatsabo kostet (noch) zehn Euro.

Eines bleibt, was schon 2013 klar war: Ohne Qualität der Texte hat sowohl der analoge als auch der digitale Weg keine Zukunft.

Im Lagebericht der »NZZ« 2018 heißt es mit Blick auf die Digitalisierung (https://gb.nzz.ch/report-2018/):

»Nicht zuletzt dank der Lancierung neuer Digitalprodukte gelang es, die Anzahl zahlender Abonnentinnen und Abonnenten im Berichtsjahr deutlich zu erhöhen. Bewährt hat sich dabei der konsequente Fokus auf Qualitätsjournalismus, der sich an einer Vielzahl von Formaten orientiert.«

Im Vorwort des Aktionärsbriefs der »NZZ Mediengruppe«, in dem über das 1. Halbjahr 2019 berichtet wird, gibt es in komprimierter Form Antworten auf die Fragen, die die nächste Zeit prägen werden: Können die Verluste, die im analogen Bereich entstehen, durch digitalisierte Produkte kompensiert werden? Muss diese Digitalisierung immer wieder neu gestaltet werden, und wie sieht die Zukunft der klassischen Zeitung aus?

»Wachstum können wir heute vor allem mit digitalen Produkten erzielen. Unsere Kunden sind in diesem Bereich einen hohen Standard gewohnt, und die Bedürfnisse wandeln sich laufend ... Vor allem bei unserem Kernprodukt »NZZ« gilt heute ›digital/mobile first‹. Wir gewinnen Leserinnen und Leser vor allem durch die zunehmende mobile Nutzung. Entsprechend wichtig ist ein laufend verbessertes mobiles Nutzererlebnis ... Selbstverständlich vergessen wir dabei unsere Leserinnen und Leser sowie Werbekunden der klassischen Zeitung nicht. Unsere Printausgaben bleiben ein wichtiger Eckpfeiler unseres Angebots.«

www.nzz.ch

Ein Schweizer in Berlin

Thomas Vetsch: »Vorsicht vor Zack-zack!«

Prolog: Deutsche in der Schweiz

Deutsche in der Schweiz? Ja, das ist durchaus ein Thema in der Eidgenossenschaft. Nun stellt es keine Schwierigkeit dar, die Deutschen anhand ihrer Aussprache rasch zu identifizieren, vor allem im Hotelbetrieb oder in Gaststätten. Aber auch die Frau vom Schmied im Unterengadin, die aus der Lausitz kommt, oder die Gattin des Hotelchefs, die in Kaiserslautern groß geworden ist. Da war es die Liebe, die den Weg in die Schweiz bestimmte. Bei vielen anderen, und hier insbesondere aus Ostdeutschland, war es die »Not« in Form der Arbeitslosigkeit oder die schlechte Bezahlung, die für Kellnerinnen und Mitarbeiter in der Küche selbst in gut besuchten Feriengebieten Ostdeutschlands tausend Euro »auf die Hand« nicht überschreitet.

»Der Lohn ist gut, er kommt pünktlich. Wir haben unsere Würde wiedergewonnen. Und wir können sogar sparen«, erzählt Sandra, Mitte zwanzig aus Stralsund, die vor zwei Jahren mit ihrem Freund und ihrer gemeinsamen Tochter ins Wallis gezogen ist. Vorübergehend, denn sie wollen wieder zurück. Dann ist die Situation im Osten hoffentlich besser. »Und uns fehlt die Ostsee und der weite Blick.«

Jörg aus dem sächsischen Riesa ist Installateur. Seine Frau Jasmin ist in Bagdad aufgewachsen und später zu ihrer Mutter und Oma nach Nürnberg bzw. Leipzig gezogen. Sie ist diplomierte Architektin.

Bewerbungen aus der Arbeitslosigkeit heraus sind immer schwierig. Deutsche Firmen, die Stellen ausschreiben, reagieren zum Teil gar nicht auf Bewerbungen. Unter den eintreffenden Absagen war eines Tages dann aber eine Einladung zu einem Vorstellungsgespräch in Aarau dabei.

»Die Zusage war wie ein Sechser im Lotto«, sagt Jörg, und beide haben nicht gezögert, in die Schweiz zu ziehen. Sie können von ihren Einkommen sehr gut leben, haben ein komfortables Haus in der Nähe von Lenzburg gemietet, und Jasmin, die in der Stromversorgungsbranche arbeitet, hat den Flugschein gemacht. Beide lieben das Reisen und die Geselligkeit, haben oft Gäste aus Deutschland oder fahren zu ihnen.

»Nur hier fällt es uns schwer, mit den Dorfbewohnern in Kontakt zu kommen oder sogar ein freundschaftliches Verhältnis aufzubauen. Mitunter haben wir das Gefühl, dass wir hier nicht gern gesehen werden.«

Tatsächlich hat sich durch das Einkommensgefälle zwischen Deutschland und der Schweiz nicht nur eine »Wander- und Pendlerbewegung« entwickelt; Deutsche siedeln sich im Rahmen der gesetzlichen Möglichkeiten und Fristen in der Schweiz an. Vom Universitätsprofessor und der Chirurgin bis zur Restaurantfachfrau oder dem Straßenbahnschaffner in Zürich, der seine Ansagen in nordischem Hochdeutsch oder auf Sächsisch macht.

Ende August 2013 lebten 290.514 Deutsche in der Schweiz, ein Anteil von 15,6 Prozent aller Ausländerinnen und Ausländer im Land. Die Deutschen sind nach den Italienern (299.002) die zweitstärkste ausländische Bevölkerungsgruppe in der Schweiz. Sie machen rund 3,5 Prozent der Gesamtbevölkerung aus.

Vor dem Ersten Weltkrieg waren es bei einer absoluten Zahl von 220.000 Deutschen 6 Prozent. Umgekehrt leben heute in der BRD ca. 80.700 Schweizerinnen und Schweizer, die Zahl ist ebenso ansteigend (2008: 75.400) wie die der Einbürgerungen auf beiden Seiten, auch forciert durch die Möglichkeit der doppelten Staatsbürgerschaft.

Es gibt aber auch eine Rückkehrer-Bewegung aus der Schweiz nach Deutschland. 2012 waren es knapp 17.000. Gleichzeitig wanderten rund 27.000 Deutsche in die Schweiz ein. Zahlen von Ende August 2013 bestätigen den nach wie vor bestehenden Positivsaldo. Auch 2013 sind bis Ende August 8071 mehr Deutsche ein- als ausgewandert.

Im Herbst 2013 rauscht es im schweizerischen und auch im deutschen Blätterwald: »Immer mehr Deutsche verlassen die Schweiz«, »Deutsche in der Schweiz: Nichts wie weg!«, »Deutsche leiden unter dem Verhalten einiger Schweizer.« Und es sind auch warnende Überschriften dabei, wie im »Tages-Anzeiger« vom 2. Oktober 2013: »Die Schweiz wird den Deutschen noch nachtrauern.«

Thomas Vetsch

Die Sicht eines Schweizers in Deutschland

Für Thomas Vetsch (39) ist das alles schwer zu verstehen oder zu akzeptieren, wie sich herausstellt, als ich mit ihm über das Verhältnis von Schweizern und Deutschen spreche. »Nun gut, zwischen den Eidgenossen, den ›Kuhschweizern‹, und den ›Sauschwaben‹, ein Sammelbegriff, der auch die Bremer oder Hessen einschließt, existieren schon Befindlichkeiten. Aber vieles halte ich für konstruiert und auch durch die Boulevardpresse aufgebauscht. Klar sind die Schweizer abwartend und zurückhaltend, das kommt auch auf die Stadt, das Dorf oder die Region an. Aber die Kollegenkreise oder die Nachbarschaften sind keine geschlossenen Gesellschaften, die Deutsche ausschließen.«

Die optimistische und unverkrampfte Sicht auf dieses Verhältnis hängt sicher auch damit zusammen, dass Thomas Vetsch kontaktfreudig und offen ist sowie eine fröhliche Neugier ausstrahlt. Und er ist Schweizer!

Und wie ist das mit der Ausländerfeindlichkeit der Schweizer? »Ich als Eidgenosse schäme mich für die Rechtspopulisten und für den schmutzigrechten Rand in der Schweiz. Aber ich finde, Mitbürger mit ausländischen Wurzeln sind nirgends so gut integriert wie in der Schweiz. Italiener oder Portugiesen und andere vor Jahren Zugewanderte nimmt man nicht mehr als Ausländer wahr. Das sind Schweizer. Man meckert manchmal über die hohe Migrationsrate, aber es funktioniert gut mit der Integration.« Das ist eine positive Sicht auf diese Problematik, die mir in der Mehrzahl meiner Gespräche mit Eidgenossen ebenso begegnet ist wie die Sicht auf Deutsche in der Schweiz. Auch wenn der Teufel natürlich mitunter im Detail steckt.

Entscheidung für Berlin

Eine Beziehung zu einer Stadt wird oft durch die Ankunft geprägt.

»Ich bin auf dem Weg zu meiner WG aus dem U-Bahnhof gekommen und hab einen jungen Mann gefragt, wie ich zur Schönhauser Allee komme, und er hat grinsend geantwortet: ›Du stehst druff!‹ Innerhalb von kurzer Zeit habe ich zwei Dutzend Leute kennengelernt, und viele haben mir geholfen, mich zu orientieren, oder haben mich eingeladen. Ich habe beim Kellnern gelernt, was ein ›Alsterwasser‹ ist und dass die Berliner Schnoddrigkeit oft nicht so gemeint, sondern eher eine Stilfrage ist.«

Mit einem gewissen Abstand wünscht er heute allerdings manchen Berlinerinnen und Berlinern mehr Gelassenheit und weniger Gereiztheit, z. B. beim Rad- oder Busfahren.

Gestaunt hat der in Grabs im Kanton St. Gallen Geborene in seinem ersten halben Jahr in Berlin über das günstige Preis-Leistungs-Verhältnis – beim Essen und Trinken, bei Dienstleistungen, aber auch, was die Miete anbelangt.

»Und weil mir hier vieles so gut gefallen hat, hab ich mich gefragt, warum ich eigentlich nicht hierbleibe, hab mein Zimmer, das ich noch in Zürich hatte, aufgegeben und mich für Berlin entschieden.«

Hier hat er beruflich schließlich auch das gefunden, was seinen Vorstellungen entspricht. Nach Abschluss seines Studiums der Anglistik mit den Nebenfächern Nordistik und Neue Deutsche Literatur in Zürich im Jahre 2003 hat er in Bruchsal zwei Jahre als Dramaturg gearbeitet und danach eine Qualifikation im PR-Bereich als Voraussetzung für seine neue berufliche Perspektive absolviert.

Heute leitet Thomas Vetsch das Büro von »Schweiz Tourismus«, das für Berlin, Norddeutschland und die ostdeutschen Bundesländer zuständig ist, insgesamt zehn Bundesländer.

»Die Schweiz hat fantastische Produkte und Angebote. Und es macht meinen Kolleginnen und mir sehr viel Spaß, ›Emotionen‹ zu verkaufen.«

Er ist der richtige Mann am rechten Fleck.

»Vom Nachbarn lernen …«

Thomas Vetsch fühlt sich wohl in Berlin und in Deutschland und erzählt, was ihm gefällt. Er beginnt mit den »großen« Themen: »Nimmt man die letzten hundert Jahre, so sind die für die Deutschen, die viel Unglück über sich selbst und die Welt gebracht haben, ja auch im Unterschied zu den neutralen Schweizern, mit unglaublichen Schlägen und Verlusten verlaufen. Imposant ist die Nachkriegsentwicklung, deren Anfang in Trümmern begann, und wie Deutschland seit 1945 die eigene Schuld offen gelegt und aufgearbeitet hat.«

Dieser Umgang mit »schwarzen Flecken« ist auch beispielhaft für die Schweiz, wo diverse Schuld, z. B. die frühere Beziehung zum südafrikanischen Apartheidsystem, immer noch im dunklen Keller liegt.

Apropos dunkler Keller …

Thomas: »Ich bin stolz auf mein Heimatland, auf den Fleiß der Menschen, auf das zweihundert Jahre währende Heraushalten aus Kriegen, aber auch auf die stabile Währung, den Franken. Insofern ist der bisherige Umgang mit ›Schwarzgeldern‹ aus dem Ausland und anderen monetären Versteckspielen für mich unverständlich und nicht akzeptabel. Wir haben das nicht nötig.«

Zurück zu Deutschland. Thomas bekräftigt in unserem Gespräch: Das Land hat es geschafft, ein stabiles, politisch wichtiges und geachtetes Mitglied in der Völkergemeinschaft zu werden. Die Menschen wissen, wie sie leben wollen – im Lande selbst und mit den Nachbarn.

Die meisten politischen Vorgänge sind transparent, auch wenn hier immer wieder neue Erfahrungen gemacht werden müssen. Zum Beispiel mit Milliardenbauprojekten, die während des Baus von der Öffentlichkeit massiv, wie »Stuttgart 21«, infrage gestellt werden.

In der Schweiz wird das durch das »Stimmvolk« vorher bestätigt oder abgelehnt, auch wenn diese Form der direkten Demokratie etwas länger dauert. Die Schweiz kommt trotzdem solide voran und ist in vielem Pionier, wie z. B.

bei der Nutzung der nachhaltigen Energien oder neuen Verkehrslösungen von der Straße auf die Schiene.

»Vom Nachbarn lernen, heißt siegen lernen!« Das sagt Thomas nicht, auch weil er das Wortspiel, das in der DDR auf die später untergegangene Sowjetunion gemünzt war, wahrscheinlich nicht kennt. Aber er meint wohl schon, dass die beiden Nachbarn neugieriger aufeinander sein sollten. Im Großen wie im Kleinen.

»Hilfe, werde ich zu deutsch?«

Thomas Vetsch hat in Berlin auch die Erfahrung gemacht: Die Deutschen sind forscher, direkter und schneller beim Kern der Sache als die Schweizer. Mit großem Selbstbewusstsein. Mitunter mit »Zack-zack«.

»Sie sind einfach eloquenter als wir Schweizer.« Das habe ich auch oft in der Schweiz gehört, zumal das »Schwyzerdütsch« manche Leute an »Verstehen Sie Spaß …?« mit dem Schweizer Kurt Felix erinnert.

Auch das ist natürlich von Region zu Region unterschiedlich. Die Mecklenburger sind zum Beispiel deutlich zurückhaltender als die Rheinländer. Aber »der Deutsche an sich« wird schon oft so wahrgenommen. »Hoppla, hier komm ich. Ich krieg ein Bier. Ein großes …« Das ist natürlich überzogen, auch in Deutschland gibt es höfliche Biertrinker. Aber die Tendenz stimmt.

In der Schweiz heißt es: »Ich würde gern ein Bier trinken. Wenn Sie so freundlich wären …«

Gemeint ist wohl etwas mehr Höflichkeit, aber auch der Versuch, den anderen nicht zu brüskieren. Auch in Verhandlungen, beim Austragen von Meinungsverschiedenheiten. Alles geht etwas barocker zu, mit dem einen oder anderen rhetorischen Kringel, mit mehr Dekoration, langsamer …

Diese Form hat ihre historischen und territorialen Gründe, zum Beispiel durch das Zusammenleben auf engem Raum von vier Sprachgruppen und den Zwang oder Wunsch, einen Konsens zu finden. Die anderen sollen sich wohlfühlen.

Aber, so der Schweizer in Berlin, die deutsche Art hat natürlich auch ihre Vorteile. Es gärt nichts unter der Oberfläche weiter, und es gibt weniger Stoff für Getuschel hinter dem Rücken.

»Ich merke mitunter, dass ich etwas deutscher geworden bin. Forscher und direkter, mitunter auch ungeduldiger. Wenn ich nach Hause in die Ostschweiz fahre, das ist so vier- bis fünfmal im Jahr, reduziere ich das Sprechtempo, drossle die Lautstärke meiner Stimme und achte darauf, dass von mir nicht einmal der leiseste Hauch von ›Zack-zack‹ ausgeht. Sonst müsste ich wohl draußen schlafen …«

■ PS: »Das muss man durchstehen …«

Thomas Vetsch kann nach zwanzig Jahren durchaus das berühmte Zitat nutzen: »Ick bin ein Berliner!«, und das wird er wohl auch bleiben. »Man muss sehen. Wenn ich familiär gebraucht werde, z.B. von Mutter und Vater, ist das natürlich kein Dogma.«

Seine Verbindung zu seinem Heimatland Schweiz ist ja über die Jahre nicht weniger eng geworden. Und er hat den Vorteil, dass er die Veränderungen in Deutschland mit Schweizer Gelassenheit betrachtet. Also auch Erfahrungen, wie sie die Schweiz mit Rechtspopulismus gemacht hat, der im gegenwärtigen Deutschland, z.B. mit der AfD, hohe Wellen schlägt.

Vetsch wirbt mit seinem Team in Berlin-Tempelhof nach wie vor und intensiver denn je dafür, dass wieder mehr Deutsche in die Schweiz fahren. Mitstreiter in anderen Regionen der Bundesrepublik tun das ebenso. Ein Job, der auf den ersten Blick sehr reizvoll ist.

Und es kann ja bei der Attraktivität des südlichen Nachbarn nicht so schwer sein … Nein, das frage ich ihn nicht, weil ich weiß, welche Berg- und Talfahrt er in seinem Job erlebt und was hinter ihm und seinen Mitstreitern liegt. Im Kapitel »Die Schweiz und die Tücken des Reichtums« sind die Hintergründe beschrieben. Dazu gehören die Festlegung des Wechselkurses Euro-Franken durch die Schweizer Nationalbank von 1 :1,20 und die Wiederaufhebung dieser Maßnahme Anfang 2015.

Die deutschen Gäste sind, wie auch Touristen aus den anderen Euro-Ländern, zu einem großen Teil »weggeblieben«. Inzwischen hat sich die Lage wieder stabilisiert, und so zeigt sich Thomas bei unserem Gespräch im April 2019 optimistisch: »Die Deutschen kommen vermehrt wieder in die Schweiz!«.

Im Jahresbericht 2019 von »Schweiz Tourismus« lässt sich die Dramatik und Hoffnung ablesen:

3.891.869 Logiernächte wurden 2018 von Deutschen gebucht. Das waren fast 150.000 mehr als 2017, ein Plus von 3,9 %. Aber die Verluste seit 2008 sind enorm. 2008 waren es noch 6.313.240 Übernachtungen der Deutschen, 2018 ca. 2,4 Millionen weniger – ein Minus von 38,4 %

Respekt! Man braucht schon starke Nerven, wenn sieben oder acht Jahre nur schlechte Nachrichten und negative Zahlen kommen.

»Ja, das muss man halt durchstehen und nicht zwischendurch die Flinte ins Korn werfen.« Aber, so ergänzt Thomas, solch eine Situation zwingt auch zu starken Innovationen, u.a. bei der Digitalisierung und der genauen Analyse der Bedürfnisstruktur der Touristen. Reportagen ja, aber nicht im Gießkannenprinzip, sondern so nah wie möglich an den potenziellen Kunden. Hier spielen soziale Medien und Influencer eine starke Rolle.

Die wirklich kräftigen Anstrengungen, neue Marketingwege zu gehen, werden im Jahresbericht 2019 von »Schweiz Tourismus« u.a. als »Vierradantrieb« bezeichnet, der vier Hauptinstrumente umfasst: Digital Marketing, Key Account Management (KAM), Key Media Management (KMM) und Promotion. Kombiniert, so wird erwartet, erzielen diese vier Hauptinstrumente die größtmögliche Wirkung zur Generierung von Übernachtungen.

Ein knappes Jahr später dominieren Überschriften wie die folgende:

»Schweizer Hotellerie mit Glanzlicht im Januar mit düsterer Zukunft«, hieß es am 9.3.2020 bei »https://visual.keystone-sda.ch/«. Auch die Anzahl der Übernachtungen der Deutschen stieg um zwei Prozent.

»Die Schweizer Hotellerie hat einen Bombenstart ins neue Jahr hingelegt. Sie fuhr im Januar das zweitbeste Ergebnis seit drei Jahrzehnten ein. Das war allerdings das letzte Glanzlicht vor einer schweren Zeit, die mit dem Ausbruch des Coronavirus begonnen hat.«

Das ist bitter, wenn die Talfahrt beginnt, bevor man halbwegs wieder oben ist ...

Das muss man durchstehen, auch wenn es deutlich schwieriger wird als beim letzten Mal. Viel Kondition und Glück, Thomas!

www.stv-fst.ch

Bildung in der Schweiz (I)

Lernen wie im Paradies?

Aarau ist eine typische Schweizer Kleinstadt. Immerhin ist sie Kantonshauptstadt des Aargau und Sitz der »Schweizerischen Koordinationsstelle für Bildungsforschung« (SKBF/CSRE, skbf-csr.ch).

Nach einem Pilotprojekt 2006 liegt seit 2010 der »Bildungsbericht Schweiz« vor, der nun alle vier Jahre erstellt werden soll. 2014 erscheint also der nächste Bericht.

Mitautorin des über dreihundert Seiten dicken Bandes ist Silvia Grossenbacher. Die promovierte Pädagogin wurde in Schaffhausen geboren und war die Erste in ihrer Familie, die studiert hat. Nach Zwischenstationen, u. a. mit einem mehrjährigen Engagement in der Studentenpolitik und einer zweijährigen Tätigkeit im Bundesamt für Statistik, arbeitet sie seit 1991 in der SKBF. Sie ist heute stellvertretende Direktorin in einem Team mit knapp einem Dutzend Kolleginnen und Kollegen, die z. T. auch in Teilzeit arbeiten. Sie selbst hat eine »Achtzig-Prozent-Stelle«. Aber wenn man forscht und schreibt, reicht das oft nicht aus. Und sie ist das »Gedächtnis« der Koordinationsstelle. »Sag mal, wie war das damals …«

Die Koordinierungsstelle ist vom Bund und von den Kantonen eingerichtet und wird auch je zur Hälfte von diesen Seiten bezahlt. Sie ist sowohl aus der Binnen- als auch in der Außenperspektive außerordentlich wichtig. Bildung ist in der Schweiz Kantonssache. Es gibt kein »übergeordnetes« Ministerium. Und so ist die SKBF im Bildungsbereich in der Schweiz die einzige »zentrale« Stelle. »Wir sind sozusagen die Drehscheibe zwischen Forschung, Verwaltung, Praxis und Politik. Und oft das ›Einfallstor‹ auch für ausländische Partner. Andererseits sind wir in zahlreichen internationalen Gremien, wie z. B. im OECD-Bildungsbereich, vertreten.«

Gibt es überhaupt Bildungsprobleme in der Schweiz?

»Rankings«, wir kommen im Zusammenhang mit der universitären Bildung noch einmal darauf zurück, sind »in«. Die auf Basis von Daten aus

2012 veröffentlichte Studie »PISA 2013« bestätigt der Schweiz die europäische Spitzenstellung.

Darüber hinaus gibt es einfache Rankings wie bei den Bildungsausgaben pro Kopf, wo die Schweiz weltweit führt, oder etwas kompliziertere wie das Ranking der »Economist Intelligence Unit«, einer Schwestergesellschaft der Zeitschrift »The Economist«, die achtzig Länder nach elf Kriterien verglichen hat.

In dem »Where-to-be-born-Index 2013« liegen die in der Schweiz Geborenen mit den größten Chancen auf ein glückliches Leben an der Spitze. Deutsche Babys teilen sich mit den US-Amerikanern Rang 16. Es gibt also nicht nur die Gunst der frühen oder späten Geburt, sondern auch die Gunst des Geburtsortes. Und schon im August 2013 lautete eine Schlagzeile, die auch den Namen verdient hatte: »In der Schweiz geboren: die beste Ausgangslage der Welt«.

Das Leben fängt mit Lernen an, und auch in der Schweiz gilt es, die Bildungsstufen nach und nach zu erklimmen.

Nach der Vorschulstufe kommt die obligatorische Schule mit Primar- und Sekundarschule, in der Regel sind das neun Schuljahre. Daran schließt sich die Sekundarstufe II mit Gymnasium, Fachmittelschule oder Berufslehre an. Der erfolgreiche Abschluss der Sekundarstufe ermöglicht die Ausbildung in der sogenannten Tertiärstufe mit universitären Hochschulen, Pädagogischen Hochschulen, Fachhochschulen, Höheren Fachschulen und die Vorbereitung auf höhere Fach- und Berufsprüfungen.

Das ist der Rahmen, der sich bewährt hat und letztlich die Spitzenstellung in der internationalen Bildungslandschaft ermöglicht.

Nun ist es ein bisschen komisch, wenn dieses Bildungsfeld mit fruchtbaren Ergebnissen sehr gut bestellt ist, und da kommt einer aus dem bildungsgebeutelten Deutschland, das sich laut der aktuellen PISA-Studie vom hinteren in das vordere Mittelfeld vorgekämpft hat, und sagt: »Naaa, niemand ist so gut, dass er nicht noch besser sein könnte …« So sucht der Fragende Trost und die Erkenntnis: »Siehste, auch im Bildungsparadies Schweiz gibt's das eine oder andere dunkle Eckchen.«

Es gibt Länder, zum Beispiel im Osten Europas, die müssen mit hartnäckigen negativen Vorurteilen leben. Die Schweiz ist hingegen oft mit dem

Sehr gute Aussichten für Schweizer Schüler

Hauch des Paradiesischen und von überzogenen Vorstellungen umgeben. Zum Beispiel: Alle Schweizer sprechen drei oder vier Fremdsprachen. Was will man mehr?

Silvia lacht. »Ja, aber lernen und studieren müssen wir schon allein.« Und es ist auch kein Automatismus mit den Fremdsprachen. Sie selbst spricht neben Englisch auch Italienisch und Französisch, das sie aber auch immer wieder auffrischen muss. »Da kommt es mir entgegen, dass meine Schwester mit ihrer Familie in der französischsprachigen Westschweiz wohnt.«

Und die Sprachfähigkeiten der Schweizer Kinder und Jugendlichen werden in der PISA-Studie 2013 im Unterschied zu den Mathematikkenntnissen nicht als spitzenmäßig eingeschätzt. So ist das mit den Klischees …

Harmonisierung kontra kantonale separate Regelungen

Nach dem polemischen und augenzwinkernden Zwischenspiel kommt nun doch die ernsthafte Frage: Gibt es ein substanzielles, ein besonders »dickes Bildungsproblem«? Ja, das hängt mit den Strukturen der Schweiz und damit zusammen, dass Bildung eng an die Politik der sechsundzwanzig Kantone gekoppelt ist. Das Stichwort heißt hier »Harmonisierung«. Ein entscheidender Impuls wurde 2006 gesetzt, also auch in dem Jahr, in dem als Vorläufer des Bildungsberichtes 2010 von der SKBF ein entsprechendes Pilotprojekt veröffentlicht wurde.

Ich schlage nach und finde unter dem Stichwort »Harmonisierung« bei www.swissworld.org:

»Im Mai 2006 wurde ein wichtiger Schritt in Richtung Zentralisierung des Schulsystems gemacht: In einer Volksabstimmung sprach sich eine überwältigende Mehrheit der Stimmenden dafür aus, dass sich die Kantone in wichtigen Fragen einigen müssen. Sollten sich die Kantone nicht einigen können, hat der Bund neu die Kompetenz, eine gesamtschweizerische Lösung anzuordnen.

Weiter sind Projekte zur verbindlichen Harmonisierung der Volksschule im Bereich der Unterrichtssprache, der Fremdsprachen, der Mathematik und der Naturwissenschaften im Gange. Damit soll die Qualitätssicherung auf gesamtschweizerischer Ebene erreicht werden.

Eine verstärkte Angleichung der kantonalen Bildungssysteme erleichtert die Mobilität der Lernenden innerhalb der Schweiz.«

Das klingt in der kompromissfreudigen Schweiz recht konsequent und energisch und bringt wohl auch frischen Wind in die Bildungslandschaft.

Der »Bildungsbericht Schweiz 2010« ist, so steht es im Vorwort der Auftraggeber, »ein wichtiges Zeugnis des neuen Geists in der Kooperation von Bund und Kantonen im Bildungsbereich«.

Und der Beobachter ahnt, auch wenn er sich nur oberflächlich mit dieser neuen Kooperation beschäftigt, dass der »alte Geist« noch mit im Schweizer Bildungshaus mit seinen sechsundzwanzig Zimmern wohnt.

So steht im Bildungsbericht, dass die kantonalen Quoten der gymnasialen Maturitäten zwischen vierzehn und knapp dreißig Prozent betragen (2008). Im Durchschnitt der Schweiz liegt die Quote bei zwanzig Prozent.

Die Schülerinnen und Schüler in den Kantonen mit den niedrigeren Quoten, so Silvia Grossenbacher, haben bessere Voraussetzungen für ihren weiteren Bildungsweg. Als »störend« wirkt, wird im Bildungsbericht angemerkt, dass die Kohortenanteile der Sekundarstufe II, die zu den Gymnasien zugelassen werden, weniger auf der Basis von Leistungen als auf der Basis bildungspolitischer Entscheide bestimmt werden.

Die zukunftsträchtige Losung lautet offensichtlich: Harmonisierung statt »Kantönligeist«.

Hilfreiche permanente Analysen

Ein Zwischeneindruck sieht so aus: Von Bildungsselbstzufriedenheit keine Spur. Dazu besteht auch kein Grund, so die Pädagogin Grossenbacher. Wenn man sich manche Statistiken genauer ansieht, werden offene Probleme rasch deutlich. So haben über elf Prozent der männlichen und sogar über siebzehn Prozent der weiblichen Schweizer keine nach-obligatorische Ausbildung, absolvierten also nicht die Sekundarstufe II mit Berufsausbildung oder der entsprechenden Allgemeinbildung.

Ein Bildungsbericht, der vier Jahre auf dem Markt ist, verliert zwar bei den Zahlen an Aktualität, aber nicht bei den Trends und Zielen. So ist ein Bildungsziel für 2015 der erfolgreiche Abschluss der Sekundarstufe II von fünfundneunzig Prozent der Schulabgängerinnen und -abgänger. Gegenwärtig sind es knapp neunzig Prozent.

Laut Bildungsbericht haben Kinder, die nach ihrer Geburt in die Schweiz gekommen sind, mehr Schwierigkeiten, die Sekundarstufe II erfolgreich abzuschließen, als in der Schweiz geborene.

Ein gesondertes und tatsächlich »dickes« Problem ist die jährliche Zahl von geschätzten fünftausend Schulabbrechern. Sie kommen aus allen sozialen Schichten.

An aktuellem Stoff für die permanente Analyse der Bildungssituation in der Schweiz mangelt es also keineswegs zwischen den Bildungsberichten 2010 und 2014. So ist im Juni 2013 der Bericht »Bildung auf einen Blick« der »Organisation für wirtschaftliche Zusammenarbeit und Entwicklung« (OECD) erschienen. Auch hier überwiegen die Stärken des Schweizer Bildungssystems. Viele Ergebnisse in dem Alpenland liegen über dem OECD-Durchschnitt, z. B. bei den Hochschulabschlüssen und bei den Doktorarbeiten. Als hervorragend wird die solide Berufsausbildung als Voraussetzung für eine Spitzenquote in der Beschäftigung eingeschätzt.

Aber die 2013 geborenen Babys machen sich überraschend lautstark bemerkbar: Die frühkindliche Bildung in der Schweiz ist im internationalen Vergleich ein Waisenkind.

Silvia Grossenbacher

Auf dem Weg in das vermeintliche Bildungsparadies gibt es noch eine Menge Arbeit. Und darauf freut sich Silvia Grossenbacher. Der »Bildungsbericht Schweiz 2014« steht vor der Tür.

■ PS: Silvia: Es hat sehr gut gepasst!

Zur Bilanz eines reichen Berufslebens gehört die Frage: »Hat es gepasst?« Silvia Grossenbacher antwortet nach ihrer Pensionierung, ohne zu zögern: »Ja, die Arbeit bei der ›Schweizerischen Koordinationsstelle für Bildungsforschung‹, der ich immerhin fünfundzwanzig Jahre lang treu geblieben bin, hat sehr gut zu mir gepasst.«

Als Gründe nennt sie u.a. die Vielfältigkeit oder die immer wieder neuen Themen im weiten Feld der Bildung. Beispiele sind die frühkindliche Bildung, das Spannungsfeld Familie/Schule, die Themen Integration und Inklusion, Begabungsförderung, mathematisch-naturwissenschaftlich-technische Bildung oder auch ästhetische Bildung.

»In und mit einem kleinen Team konnte ich einen großen Erfahrungsschatz sammeln und hatte das Gefühl, dass sich im Bildungswesen durchaus etwas bewegt. Zudem habe ich die vielfältigen Kontakte mit Fachleuten, aber auch mit bildungspolitisch Verantwortlichen und im Schulalltag Tätigen sehr geschätzt.«

Eine zentrale Rolle spielte auch für Silvia die Mitarbeit am Bildungsbericht, der seit 2010 regulär alle vier Jahre von der Koordinationsstelle erstellt wird und sich dabei auch immer mit der Entwicklung des gesamten Systems auseinandersetzt.

Bildungsbericht als Spiegel der Fortschritte und Reserven

2018 ist der dritte und damit aktuellste Bildungsbericht erschienen. Er ist ein sehr gutes und politisch verwendbares Instrument für eine zielgerichtete Bildungspolitik.

Silvia nennt zwei Beispiele: »So wurde nach Erscheinen des ersten Berichts 2010 beispielsweise das Ziel festgelegt, dass fünfundneunzig Prozent der Fünfundzwanzigjährigen über einen Abschluss auf der Sekundarstufe II verfügen sollten. Dieses Ziel konnte, laut neuestem Bildungsbericht, noch nicht erreicht werden. Während Jugendliche mit Schweizer Nationalität, die in der Schweiz geboren wurden, mit einer Abschlussquote von vierundneunzig Prozent die Zielmarke fast erreichten, liegt die Quote bei jungen Erwachsenen mit Migrationshintergrund weit tiefer: bei etwas über achtzig Prozent bei in der Schweiz geborenen Ausländerinnen und Ausländern, bei knapp unter fünfundsiebzig Prozent bei im Ausland geborenen.«

Ein äußerst wichtiges Anliegen der Bildungsanalysen und praktischen Schritte lief in den letzten zehn Jahren unter der Überschrift »Harmonisierung« der bis dahin sehr unterschiedlich gestalteten Schulsysteme auf struktureller und inhaltlicher Ebene. Das Ergebnis: Die Schulstrukturen konnten weitgehend angeglichen werden, auch wenn natürlich weitere Feinjustierungen nötig sind.

Bildungsparadies Schweiz?

Wir hatten bereits in der 1. Auflage dieses Buches 2014 die Frage in der Zwischenüberschrift offen gelassen, weil immer wieder neue Probleme und Fragen auftreten, die gelöst werden müssen.

Auch hier ist der »Weg ins Paradies« das Ziel. Dass Bildung mehr als Vermittlung von Wissen- und Kompetenz ist, wussten schon die alten Pädagogen um Pestalozzi.

Das Spannende, auch an dem Bericht von 2018, ist, dass er nach den längerfristigen Wirkungen von Bildung fragt und bei den Antworten die Leistungsfähigkeit des Schweizer Bildungswesens dokumentiert. So liegt die Eidgenossenschaft in Bezug auf Einkommensgleichheit vor Steuern und Transfers im OECD-Vergleich an dritter Stelle. Und schließlich zeigt der Bildungsbericht auch auf, dass die im Bildungssystem erworbenen Kompetenzen nicht nur für die späteren Erwerbschancen (Erwerbsbeteiligung, Löhne) von Bedeutung sind, sondern auch für Gesundheit und Lebenszufriedenheit.

Es »passt« auch nach dem Berufsleben!

Als Antwort auf die Frage nach ihrem jetzigen Status kann ich mir bei Silvia nicht vorstellen, dass sie den vielstrapazierten und leicht kokettierenden Satz anbringt: »Ich bin im Unruhestand!«

Ein Wort wie »Zielstrebigkeitsstand« gibt es wahrscheinlich nicht, aber es umreißt, wie sie sich bei Anfrage, angeregt durch Fälle in der eigenen Verwandtschaft, nicht nur in ein neues Feld begeben, sondern hier auch gleich Verantwortung übernommen hat.

»Bereits zwei Jahre vor der Pensionierung habe ich die Präsidentschaft der ›Aargauer Diabetes-Gesellschaft‹ übernommen. Es handelt sich dabei um eine Non-Profit-Organisation zugunsten von Menschen aller Altersstufen, die von Diabetes mellitus betroffen sind.«

Die Organisation setzt sich ein für die Interessen der Betroffenen, bietet Diabetes- und Ernährungsberatung an, vertreibt Materialen für die Diabetes-Therapie und organisiert Informationsveranstaltungen. Es passt zu Silvia, dass sie sich für diese Aufgabe, Management einer NPO, noch einmal auf die Schulbank gesetzt hat und dafür ein Jahr lang einmal pro Woche nach Zürich gefahren ist.

Ausgleich zu der ehrenamtlichen Arbeit als Präsidentin der Diabetesgesellschaft mit professionellem Anspruch verschaffen ihr die Aktivitäten im Natur- und Vogelschutzverein ihrer Heimatgemeinde, ihre Yoga-Lei-

Das Pestalozzi-Denkmal in der Bahnhofstraße in Zürich

denschaft, Wanderungen oder die Bewirtschaftung des Hausgartens mit ihrem Mann sowie die Nutzung des Museumspasses in Zürich, Bern oder Basel.

Mehr als ein PS: Eine kurze Bilanz und Hoffnungen

»Bei Lichte betrachtet, gehöre ich einer Generation in einem Land an, die unglaublich privilegiert war und ist. Ich habe mein Leben in einem Zeitfenster in einer Weltecke verbracht, wo man fern von Krieg, Naturkatastrophen und Armut viel Freiheit genoss und vieles selbst verwirklichen konnte. Dass es so weitergeht, hoffe ich zwar, halte es gleichzeitig aber für nicht sehr wahrscheinlich. Zu gefährlich sind die Pulverfässer, auf denen wir in ökonomischer und ökologischer Hinsicht sitzen. Diese Einsicht hält mich aber nicht davon ab, mich da, wo ich die Möglichkeit habe, für eine lebenswerte Zukunft nachfolgender Generationen einzusetzen. Ärgerlich machen mich Leute aus Politik und Medien, die unsere berechtigten Sorgen als ›Klimahysterie‹ abtun und jede soziale oder ökologisch orientierte Bewegung als Sand im Getriebe der Profitmaximierung verunglimpfen. Sehr ärgerlich machen mich auch jene rechten Demagogen, die versuchen, die Klimaprobleme in die Schuhe der Migration zu schieben und mit einer neuen ›Das-Boot-ist-voll‹-Parole für die Abschottung der Schweiz Stimmung zu machen. Dringend verändert werden müssen meines Erachtens Wachstumswahn und Profitgier, die nicht nur für die Klimaprobleme, sondern ebenso für nach wie vor auch in der Schweiz bestehende soziale Ungleichheiten verantwortlich sind. Unbedingt erhalten bleiben und ausgebaut werden muss eine politische Kultur, in der alle mitwirken und sich dabei auf einigermaßen unabhängige, den Fakten verpflichtete Medien stützen können.«

www.skbf-csre.ch

Bildung in der Schweiz (II)

Mit der Poly zur Weltspitze

Unweit des Zürcher Hauptbahnhofs am Straßenbahnkreuz »Central« geht es in einem unscheinbaren Eingang zu einer Zahnradbahn, der Polybahn. Die »Poly«, wie sie in der liebevollen Abkürzung heißt, wird auch, wahrscheinlich in Anspielung auf ihre Spitzengeschwindigkeit von neun Stundenkilometern, »Studenten-Express« genannt.

Die Bahn, die einundvierzig Höhenmeter überwindet, gibt es seit 1889, und seitdem wurde sie mehrfach umgebaut und rekonstruiert. Zuletzt im Jahre 1996.

Sie hat ihren Namen von dem 1855 gegründeten »Eidgenössischen Polytechnikum«, das seit 1911 »Eidgenössische Technische Hochschule Zürich«, kurz ETH Zürich oder ETHZ heißt.

Normalerweise fahren in der Schweiz Zahnradbahnen auf Bergspitzen. Mit der Poly geht es zur wissenschaftlichen Weltspitze …

Sie braucht nur wenige Minuten, aber die Zeit reicht, um sich berühmte Wissenschaftler in Erinnerung zu rufen, die ab 1889 mit diesem »Bähnle« gefahren sind. Darunter zahlreiche Nobelpreisträger.

Gemäß offiziellen Angaben der ETH Zürich stehen einundzwanzig Nobelpreisträger mit der Hochschule in Verbindung. Die Liste enthält nur ETHZ-Absolventen oder Professoren, die hier gelehrt haben bzw. für ihre Forschungsarbeit an der ETH Zürich ausgezeichnet wurden, von dem Nobelpreisträger für Physik Albert Einstein (1921) über Wolfgang Pauli (Physik, 1945) bis Kurt Wüthrich (Chemie, 2002).

Oben angekommen sind es nur wenige Schritte über die Polyterrasse und über ein großflächiges Plateau bis zum Hochschulgebäude. Nach Plänen Gottfried Sempers von 1858 bis 1864 errichtet, wurde der wuchtige und imposante Gebäudekomplex zwischen 1915 und 1925 umgebaut. Ein zweiter Standort der ETH Zürich existiert seit einem halben Jahrhundert auf dem Hönggerberg; zurzeit wird er zu einem veritablen Campus mit Studentenwohnungen und Freizeitangeboten ausgebaut.

Auf der Polyterrasse

Gute Nachrichten

Mein Besuch in den ersten Maitagen 2013 an der ETH fällt zusammen mit der Bekanntgabe des Ranking der Londoner Firma »Quacquarelli Symonds« (QS).

Mittlerweile gibt es zahlreiche Bewertungen, aber das QS-Ranking gehört wohl zu den soliden und renommierten. Rankings sind so eine Sache und werden teilweise inflationär – auch in Wochenzeitschriften – veröffentlicht. Man muss also genau hinsehen, nach welchen Kriterien die Reihenfolge ermittelt wird.

Basis des »QS World University Ranking« ist ein internationaler Sachverständigenrat mit zwanzig Experten aus Europa, Asien, Afrika, Nord- und Südamerika. Weltweit gibt es einen Vergleich von siebenhundert Hochschulen mit acht Indikatoren. In der Wertung liegt der Fokus neben der Forschung auch auf Publikationen, auf Zitierungszahlen und Nobelpreisnominierungen.

Ergebnisse sind zunächst ein Hochschulranking, bei dem die ETH Zürich mit Platz dreizehn die beste kontinentale Hochschule ist. Hier führen nordamerikanische und britische universitäre Einrichtungen. Darüber hinaus gibt es Bewertungen in einzelnen Fachrichtungen. Hier gehört die ETHZ in elf Fachrichtungen zu den Top Ten, so in den Umweltwissenschaften und in der Elektrotechnik mit dem jeweils fünften Platz.

Für das hohe universitäre Niveau in der Schweiz spricht, dass die ETH Lausanne in sechs Bereichen unter die zwanzig Besten kam, auch wenn Meldungen im Herbst 2013 zeigen, dass die Schweizer Universitäten Plätze in der Rangliste verloren haben. Die beste deutsche Universität ist die Technische Universität München auf Platz dreiundfünfzig; die Universität Wien liegt als bestplatzierte Hochschule Österreichs auf Rang hundertsechzig. Vorsicht vor solchen Rankings, hieß es noch vor vier, fünf Jahren auch an Schweizer Hochschulen. Aber die QS-Rankings werden eben aufgrund des Sachverständigenrates und nachprüfbarer Kriterien in der Wissenschaftswelt weitgehend akzeptiert. Und so liegt es nahe, dass der Gast aus Deutschland über die Ursachen und auch am Rande über die deutsch-schweizerischen universitären Abstände nachdenkt.

Auf den Spuren des Erfolges

Wie kommt es also zu dieser Spitzenstellung? Wo liegen die Ursachen dieser Weltspitzenleistungen? Die Ranking-Ergebnisse, die auch in weiteren Hochschulvergleichen ihre Bestätigung finden, freuen natürlich die Lehrenden, Mitarbeiter und Studierenden an der ETHZ. Sie werden nicht damit »prahlen«, das entspricht, wie ich bereits festgestellt habe, nicht dem Schweizer Naturell.

Aber es ist gut und wichtig, so der Tenor, dass andere über die ETHZ sprechen und schreiben. Letztlich ist es eine schöne Wertschätzung und Werbung für die Hochschule.

In Vorbereitung auf meinen Besuch bin ich im »Bildungsbericht Schweiz 2010« auf eine Formulierung gestoßen, die offensichtlich ein Schlüssel für die globale universitäre Spitzenstellung der Schweiz ist:

»Der bei einer im internationalen Vergleich relativ tiefen Quote von gymnasialen Maturitäten eher beschränkte Zugang zu den Universitäten muss auch mit der Ausbildung an schweizerischen Universitäten in Verbindung gebracht werden. Das schweizerische Universitätssystem hat den Vorteil, sich dem obersten Leistungssegment von Schulabgängerinnen- und Schulabgängern widmen zu können, während in vielen anderen Ländern ein sehr breites Leistungssegment ausgebildet werden muss.«

Eine weitere Basis des Erfolges der ETHZ gründet in der fast hundertsechzigjährigen Tradition und in dem damit hohen gewachsenen und immer wieder ausgebauten Selbstanspruch, der sich an internationalen Forschungsspitzenleistungen orientiert. Ein fundamentaler Erfolgsfaktor, so betonen die Verantwortlichen immer wieder, ist das hohe Maß an Autonomie, das die Hochschule gegenüber der Politik genießt. Diese Freiräume, kombiniert mit exzellenten Bedingungen, lassen immer wieder hervorragende Forscherinnen und Forscher nach Zürich kommen.

Aktuell befinden sich zahlreiche Absolventen der ETHZ in Spitzenpositionen großer Schweizer und internationaler Firmen und Gremien. Das ist ein Resultat der grundsätzlich angestrebten engen Beziehung zwischen Hochschule und Praxis, die oft wunderbar zurückwirkt.

Es gibt ETHZ-Absolventen in der ganzen Welt, und die Verantwortlichen der Hochschule sind gegenwärtig dabei, die Bindung der sogenannten Alumni, der Absolventen, zu intensivieren. In den Universitäten der USA ist die enge Beziehung zu den Alumni und ihre nicht nur finanzielle »Rückwirkung« auf ihre akademische Ausbildungsstätte ein wichtiger Erfolgsfaktor.

Hauptgebäude der Eidgenössischen Technischen Hochschule Zürich

In der Schweiz geht es nicht um Kopien der US-amerikanischen Erfolgsmodelle, sondern die Zürcher wollen ihren eigenen Weg gehen, um ein gut funktionierendes »Alumni-Netzwerk« auf breiter Basis auszubauen.

Natürlich wird es nicht jeden Monat einen Fall wie den von Branco Weiss geben ... Er wurde in Zagreb geboren, kam über Italien in die Schweiz, legte hier 1944 die Matura ab und baute nach seinem Chemie-Studium an der ETHZ von 1947 bis 1951 erfolgreich mehrere Hochtechnologie-Unternehmen auf. Bereits zu Lebzeiten wirkte er als Wissenschafts-Mäzen, und in seinem Testament vermachte er der ETH Zürich geschätzte hundert Millionen Franken.

Passende Rahmenbedingungen und ein funktionierendes »Kerngeschäft«

Geld alleine macht den Erfolg nicht aus, aber ohne Geld ist es schwierig, erfolgreich zu sein. So verfügt die ETH Zürich über ein stattliches Budget von rund anderthalb Milliarden Schweizer Franken – Geld, das der Bund bzw. der Steuerzahler jedes Jahr in die Hochschule investiert. Wie andernorts, so hat auch in Zürich der Anteil an Drittmitteln zugenommen. Dazu passt die Gründung der ETH Zürich Foundation, die sich nach eigenen Angaben als Brückenbauerin zwischen Firmen, Privatpersonen, Stiftungen und der ETHZ sieht. Bislang hat sie die ETHZ mit Donationen von rund hundertfünfzig Millionen Franken unterstützt, allein 2012 wurden achtundfünfzig Millionen vergeben.

All diese beeindruckenden Rahmenbedingungen würden wenig nutzen, wenn es mit dem »Kerngeschäft« der Hochschule nicht gut laufen würde – mit Lehre und Forschung.

Der Gast aus Deutschland kennt die heimischen Diskussions- und Knackpunkte und hat hier tatsächlich den Eindruck, dass das Verhältnis von Forschung und Lehre oder das Betreuungsverhältnis von Professor/wissenschaftlichem Mitarbeiter und Student ausgewogen sein muss. Hier stimmt es im Vergleich zu vielen anderen Hochschulen noch, auch wenn sich über die vergangenen Jahre an der ETHZ eine Schere aufgetan hat zwischen dem Wachstum bei Studierenden und der öffentlichen

ETHZ mit Weitblick über den Zürichsee und die Alpen

Finanzierung. Eine Stärkung des akademischen Mittelbaus wird demzufolge in Zürich als wichtige Aufgabe angesehen.

Für die Forschung ist ausschlaggebend, dass Ziel- und Ergebnisorientierung der wissenschaftlichen Arbeit »frei« bleiben. Die Vorgabe der Geldgeber: »Da ist das Geld, und das möchte ich als Ergebnis haben«, die funktioniert hier nicht.

Wichtig scheint auch, dass auf die kreative Forschung alle Kraft und Energie konzentriert werden kann und sie nicht in aufwändigen Anträgen im Rahmen von Exzellenzinitiativen verpuffen. Ein guter Antragsteller muss noch lange kein guter Forscher sein. Und umgekehrt.

Und schließlich nehme ich aus meinen Gesprächen an der ETHZ noch eine Erkenntnis mit: »Die Schweiz ist ein rohstoffarmes Land. Sie exportiert vor allem helle Köpfe und kluge Leistungen.«

Ähnliche Sätze gibt es auch in Deutschland. Der Unterschied, wie er sich auch im Ranking widerspiegelt, liegt offensichtlich in der praktischen Umsetzung. Und da ist die ETH Zürich spitze!

■ PS: ETH Zürich: Kann man Zukunft entstehen lassen?

Eine gute Öffentlichkeitsarbeit ist auch für eine Hochschule die halbe Miete. Wenn eine universitäre Einrichtung wie die ETH Zürich an der Weltspitze mitmischt, muss sie zwangsläufig sehr gut sein. Dazu gehört auch ein überzeugender Slogan, ein Motto oder eine Losung.

»Wo Zukunft entsteht.«

Das ist ein kühner, sehr selbstbewusster Ausspruch, eigentlich recht unschweizerisch, da hier ja eher das Understatement verbreitet ist. Aber die Hochschule über den Dächern von Zürich hat diesen Anspruch mit gleichnamiger Broschüre und vielen Beispielen dokumentiert.

Doch gucken wir noch einmal auf das Jahr 2012 und vergleichen die Zahlen von damals mit denen von heute.

Wie vor sieben Jahren ist die ETH im Spitzenfeld der internationalen Hochschullandschaft in mehreren diesbezüglichen Rankings zu finden, ablesbar an Zahlen und im weltweiten Vergleich.

Im »QS World University Ranking« lag die ETH 2012 auf Platz dreizehn, 2019 ist sie auf Platz sieben geklettert. Auch in anderen Erhebungen wie »Times Higher Education« (THE) befindet sich die Schweizer Hochschule 2019 auf Platz elf. Erfasst werden bei diesem Ranking 1.250 Universitäten weltweit.

Auf dem europäischen Kontinent liegt die ETH mit Abstand an erster Stelle. Auf Platz achtundfünfzig kommt die Universität Amsterdam, gefolgt von der École polytechnique in Frankreich, und als beste deutsche Hochschule belegt die Technische Universität München Platz vierundsechzig.

Nun lässt sich sicher die Frage, ob und wie man Zukunft entstehen lassen kann, philosophisch und handwerklich diskutieren. Wir beschränken uns hier auf einen Satz von Winston Churchill, den er 1943 an der Universität Harvard sagte: »Die Reiche der Zukunft sind Reiche des Geistes.« Die US-amerikanische Universität Harvard liegt in dem QS-Ranking 2019 übrigens auf Rang drei.

Leistungen für die Zukunft lassen sich zunächst quantitativ erfassen. An der ETH Zürich gab es 2019 zweihundertfünf Erfindungs- und hundertneun Patentanmeldungen, außerdem wurden siebenundachtzig Lizenzen beantragt.

Um nachhaltige Rahmenbedingungen für die Zukunft zu schaffen, braucht es eine hochqualifizierte personelle Basis u.a. mit fünfhundertdreißig Professorinnen und Professoren und 4.180 Doktoranden aus hundertzwanzig Ländern – und natürlich auch entsprechende finanzielle Mittel. Das sind pro Jahr 1,8 Milliarden Schweizer Franken, davon 1,3 Milliarden als Trägerfinanzierung durch den Bund. Einundzwanzigtausend Studierende gibt es an der ETH, etwa so viel wie an der privaten Universität Harvard.

Die Zahlen sind lediglich die Rahmenbedingungen. Was wird in der Zukunft wichtig? Worauf müssen wir uns vorbereiten? Was müssen wir lösen?

Ein Prinzip ist dabei eine ergebnisoffene und durch Neugier getriebene Grundlagenforschung.

Weitere Stichworte sind fächerübergreifende, interdisziplinäre Teams, vor allem auch in aktuell und künftig relevanten Bereichen wie Gesundheit, Data Science, Nachhaltigkeit und Fertigungstechnologien.

»Freie Forschung« impliziert letztlich natürlich angestrebte Schübe für die Zukunft. Detlef Günther, Vizepräsident für Forschung und Wirtschaftsbeziehungen an der Züricher Hochschule, bringt es auf den Punkt: »Die ETH Zürich hat den Auftrag, einen Beitrag für die Innovationskraft der Schweiz zu leisten.«

www.ethz.ch

Luzern – Fremde in der Stadt

Ausländer, die kommen und wieder gehen

Hier ist zunächst die Rede vom Fremdenverkehr, einem recht altertümlichen Begriff für Tourismus. »Fremdenzimmer« sieht man mitunter noch auf alten Schildern, auf noch älteren das Wort »Fremdenheim«, und es gab auch mal eine »Fremdenpolizei«. Von »Fremdarbeitern« war früher die Rede, doch das Wort hat sich in »Gastarbeiter« gewandelt. Inzwischen »fremdeln« wir etwas mit Wortkombinationen im Zusammenhang mit Fremden. »Fremdenfeindlichkeit« ist geblieben. Sie spielt in diesem Text keine Rolle, denn hier geht es um Touristen, die gern gesehen werden.

Hier ist die Rede von Menschen, die aus der ganzen Welt kommen, um sich die Schweiz anzusehen, um sich hier zu erholen oder um Spaß zu haben. Nehmen wir Luzern am Vierwaldstättersee. Vielleicht ist die Stadt mit knapp achtzigtausend Einwohnern die »schweizerischste« in der Eidgenossenschaft, weil sich hier alles findet, was die Erwartungen, die man in den USA, in Japan oder Indien an das Alpenland hat, bestätigt.

Marcel Perren, CEO der »Luzern Tourismus AG«, bestätigt das: »Luzern liegt zentral. Und wir haben alle Imagekomponenten, die z. B. Gruppen aus Übersee hier suchen und finden.«

Das spiegelt im wahrsten Sinne des Wortes auch das Logo der Stadt wider. Die Großbuchstaben LUZERN erscheinen im Seespiegel als LUCERNE direkt darunter. Ergänzt wird das Ganze, natürlich darf das Schweizer Kreuz nicht fehlen, durch drei Trümpfe: THE CITY.THE LAKE.THE MOUNTAINS. Das erinnert an den erfolgreichen Werbespot der deutschen Sparkasse mit dem angedeuteten Foto-Trumpf-Kartenspiel: »Mein Haus. Mein Auto. Mein Boot.«

Im Unterschied zu dieser augenzwinkernden Putzhauer-Parodie stechen die attraktiven Trümpfe rund um den Vierwaldstättersee tatsächlich global, und so kommt die Welt hierher. »Auch ganzjährig über hundertfünfzig Journalisten und TV-Teams, wie zuletzt aus Thailand, die natürlich als außerordentliche Botschafter in ihren Ländern für die Stadt und

Der Beweis – Wir waren in Luzern!

Region werben«, ergänzt Fabian Appenzeller, Mitarbeiter von »Luzern Tourismus« und Betreuer von ausländischen Medienvertretern.

Die Mehrheit will zunächst zur Kapellbrücke mit dem Wasserturm, der Marke für Luzern, die die meisten Besucher schon vorher auf Fotos oder in Filmen gesehen haben.

Der Rahmen für den Ruf Luzerns ist die Schweiz als Ganzes und ihr sehr gutes Image, das für Qualität, Sauberkeit, Sicherheit und Zuverlässigkeit steht.

In der Gästeliste bei den Logiernächten in der Region »Luzern – Vierwaldstättersee« stehen tatsächlich Touristen, die aus allen Ecken der Welt kommen. Sie ist zugleich auch ein Spiegel der Veränderung der weltwirtschaftlichen Verhältnisse sowie der neu entstandenen Währungsproportionen. Ein Rückgang der Übernachtungen zwischen 2007 und 2012 ist vor allem bei Gästen aus Deutschland (–24,9 Prozent), aus Großbritannien (–36,5 Prozent), aus den Niederlanden (–35 Prozent) und Spanien (–28,2 Prozent) sowie aus Japan (–17,4 Prozent) zu verzeichnen. Zuwächse gab es im gleichen Zeitraum bei Russland (+25,3 Prozent), Polen (+19,4 Prozent), Tschechien (+28.9 Prozent), Brasilien (+50 Prozent), China (ohne Hongkong) (+99 Prozent) und Indien (+25,6 Prozent) sowie aus den Golf-Staaten (+45,69 Prozent) zu verzeichnen – auch wenn dabei das Ausgangsniveau beachtet werden muss. Russland lag z. B. 2007 bei 18.675, während die Zahl der Gäste aus Deutschland 586.983 betrug. Insgesamt konnte das hohe Niveau von insgesamt 3,3 Millionen Übernachtungen mit einem leichten Rückgang von 2,5 Prozent annähernd gehalten werden. Die Anzahl der Übernachtungen von Schweizer Gästen ist mit 1,45 Millionen nach wie vor hoch und seit 2007 sogar leicht gestiegen.

Die ausländischen Touristen sind ein äußerst wichtiger Wirtschaftsfaktor. »Dass sie hierher kommen, ist kein Selbstläufer. Wir investieren, z. B. auch über die Kooperation mit ›Schweiz Tourismus‹, weltweit jährlich eine Million Franken.«

Werbung ist das eine. Doch wenn die Gäste kommen und hier sind, fängt die »harte Arbeit« an. Hier sieht der Tourismuschef sehr viele Reserven und freut sich, dass mit Blick auf 2015 auch ein recht kurzfristiges zeitliches Zwischen- und Motivationsziel gesteckt ist. In diesem Jahr wird das Jubiläum »200 Jahre Tourismus in der Region Luzern« begangen.

Der gebürtige Walliser Marcel Perren, der in einem Hotelbetrieb in Zermatt aufgewachsen ist, kennt natürlich die regelmäßig analysierten Nachfragetrends der Gäste und kann sich gleichzeitig gut in die Erwartungshaltung der Gäste aus Übersee hineinversetzen. Sie wollen tatsächlich die Stadt, den See und die Berge erleben. Ein »Muss« ist bei Letzterem der Pilatus oder der Rigi.

Panorama Luzerns

Wer das organisiert, ist ihnen egal. Das Angebot muss einfach da sein. Und das kann nur durch enge Kooperationen und frische Ideen erstellt werden. Zumal, wenn man bedenkt, dass mehr als die Hälfte der Übernachtungen nicht in Luzern, sondern in der Region stattfinden. Einseitige Forderungen von Hoteliers an die Tourismusorganisationen wie »Nun macht mal ...« reichen nicht.

In Luzern verweilen die Gäste durchschnittlich 1,7 Tage. Zu wenig ... In der Schweiz sind es durchschnittlich 2,1. Es gibt in Luzern und in der Region das Potenzial für eine Woche und mehr. Aber Perren weiß natürlich, dass der Trend zu mehrmaligen Urlaubsreisen im Jahr geht, die allerdings kürzer werden. Und wenn Gäste die lange Anreise aus Amerika oder Asien auf sich nehmen, wollen sie natürlich in kurzer Zeit möglichst viel sehen. So muss man anstreben, dass die Gäste wiederkommen. »Stammgästebindung« ist hier ein wichtiger Schlüssel. Marcel Perren plädiert dafür, dass Hoteldirektoren sich nicht in erster Linie als Manager fühlen, sondern als offenherzige Gastgeber mit engem Kontakt zu den Gästen. Als Beispiele nennt er ein gemeinsames Jogging am Morgen, eine Bergwanderung oder andere Begegnungen mit dem »Direktor«. Diese Gesten sind ausgesprochen wichtig. Sie sprechen sich herum. Mund-zu-Mund-Propaganda ist nach wie vor die nachhaltigste Werbeform.

Und wichtig ist, dass die Hoteliers wissen, warum die Gäste kommen. Analysen gibt es tatsächlich genug. Eine Professionalisierung der »Tourismusarbeit« ist also zwingend erforderlich.

Es gibt Bereiche im Leben, da kann jeder mitreden. Am liebsten beim Friseur. Solche Felder sind neben dem Wetter auch die Schule oder der Fußball und eben der Urlaub, weil jeder schon einmal Ferien irgendwo anders gemacht hat.

Tourismus basiert auf Netzwerken, und sie zu knüpfen braucht Zeit. Vier bis fünf Jahre, schätzt Perren. Insofern reagieren Verantwortliche oft zu schnell und oft zu »panisch«, wenn sich die Erfolge nicht nach zwei Jahren einstellen. Marcel Perren ist das achte Jahr Tourismusdirektor in Luzern.

Interkulturelle und andere Herausforderungen

»Wir müssen die Ketten zu Ende denken!«, unterstreicht er und spielt auf den für viele ausländische Gäste ungünstigen Wechselkurs, z. B. zwischen dem Schweizer Franken und dem Euro, an.

Das Preisniveau ist in der Schweiz im internationalen Vergleich überdurchschnittlich hoch. Das hängt zunächst damit zusammen, dass die Betriebskosten in der Schweiz, z. B. im Vergleich zu Südtirol, um siebenundvierzig Prozent höher sind.

»Wir haben langfristig nur eine Chance, wenn die Leistung, die hinter dem Preis steht, stimmt.«

Und das ist oftmals nicht der Fall, kann hier der beobachtende Gast aus Deutschland einwerfen. Andererseits: Dumpingpreise, davon ist der Tourismusexperte überzeugt, gehen in die falsche Richtung.

Gefördert werden muss die Bereitschaft der Gäste, die höheren Preise zu akzeptieren, nicht durch Werbeprospekte, sondern durch entsprechende Leistung! »Gute Leistung für gutes Geld.« Und noch ein bisschen mehr als anderswo.

Erlebt Luzern auch die Schattenseiten des Massentourismus? »Ja, wir müssen die Besucherströme freundlich lenken, um Staus zu vermeiden und um das touristische Erlebnis nicht zu trüben«, findet der Luzerner Tourismusdirektor. Zum Beispiel am Löwenplatz in Luzern, der zugleich ein großer Umschlagplatz für Uhren ist, den vor allem chinesische Gruppen ansteuern.

»Wir lösen nichts mit Verbotsschildern, auf denen zum Beispiel auf Chinesisch steht: ›Nicht drängeln. Und auch nicht vordrängeln!‹, sondern wir müssen auf die Ursachen schauen, warum sie drängeln: eben aufgrund der knappen Zeit und durch das Bedürfnis, nicht so viel Zeit mit dem Essen zu ›verplempern‹. Wichtig ist dann eine andere Logistik beim Stadtrundgang.«

Notwendig sind des Weiteren der Blick und die Rücksicht auf andere kulturelle Gewohnheiten. Zum Beispiel, den Gästen aus Asien Frühstück mit einem Warmanteil oder chinesischen Gästen kein Zimmer mit der Nr. 4 anzubieten. Die Vier gilt in China als Unglückszahl.

Auch die indischen »Kastenstrukturen«, die sich mitunter im Umgang mit dem Hotelpersonal widerspiegeln, spielen eine Rolle. Und manche Gäste glauben offensichtlich und irrtümlich, dass sie das Zimmer gekauft haben und daher darin machen können, was sie wollen. Der Gast ist König, aber gerade deshalb muss er auch Rücksicht auf kulturelle Gewohnheiten und Sitten der Gastgeber nehmen.

»Augen zu und durch. Diese Gäste sind ja bald wieder weg«, kann hier nicht die Parole lauten. Ich glaube schon, dass die Schweizer Gastgeber höfliche und freundliche Lösungen finden. Ihre zweihundertjährige Erfahrung mit dem Fremdenverkehr ist dabei ein wichtiges Kapital.

■ PS: Muss die schweizerischste aller Städte touristisch auf die Bremse treten?

Luzern ist eine touristische Erfolgsgeschichte. Dieser Eindruck bestätigt sich bei meinem erneuten Besuch in den Räumen von »Luzern Tourismus« in der Bahnhofsstraße 3 sowohl bei dem Gespräch mit Sibylle Gerardi, der Leiterin Unternehmenskommunikation & PR, als auch beim Nachlesen im Geschäftsbericht 2018.

Schon wenige Zahlen und Fakten zeigen, wie gut der Tourismus in Luzern und in der Region um den Vierwaldstättersee läuft. Das betrifft z.B. die weiter gestiegene Auslastung der Hotelbetriebe, die absoluten Übernachtungszahlen und somit nicht zuletzt auch die touristische Wertschöpfung.

Insgesamt wurden 2018 in der Stadt Luzern knapp 1,4 Millionen Übernachtungen registriert. Die Gäste kamen dabei aus aller Welt: knapp dreihunderttausend aus Nord- und Südamerika und fast vierhundertfünfzig-

Sibylle Gerardi

tausend aus Asien. Beide Weltregionen sind große Quellmärkte, und die Steigerung liegt bei 29,5 bzw. 18,2 Prozent in den letzten fünf Jahren.

Die gesamte Erlebnisregion »Luzern – Vierwaldstättersee« zählte 2018 über 3,8 Millionen Übernachtungen. Auch einzelne touristische Leistungsträger und -anbieter können außerordentliche Zuwachsraten gegenüber 2017 aufweisen, so beispielsweise die »Schifffahrtsgesellschaft des Vierwaldstättersees« (SGV), die über drei Millionen Passagiere beförderte und damit ein Plus von 13,6 Prozent gegenüber dem Vorjahr erreichte.

Geht hier das Gespenst des »Übertourismus« um? In manchen Regionen werden schon heute Maßnahmen dagegen ergriffen, so wird beispielsweise in einigen Häfen die Anlaufzahl von Kreuzfahrtschiffen reguliert. Wird auch Luzern auf die Tourismusbremse treten müssen?

Sibylle Gerardi weiß natürlich um die Verkehrsprobleme, die zu viele Busse verursachen, und um die Konzentration von Besuchergruppen an den Attraktionen der Stadt, wo die Einheimischen mitunter Mühe haben, sich durchzuschlängeln, um ihre Einkäufe erledigen zu können.

»Wir arbeiten an logistischen Lösungen, um diese zeitweise ›Überfüllung‹ zu vermeiden. Gleichzeitig geht es auch um die Sensibilisierung der Luzerner für die Wertschätzung des Wirtschafts- und Imagefaktors

Tourismus. Dazu dienen öffentliche Podiumsdiskussionen und auch ein Dankesevent im Dezember.«

Und: »Wir Touristiker stehen gemeinsam mit den Behörden der Stadt in der Pflicht, entspannte Lösungen für den fließenden und ruhenden Busverkehr zu finden.«

Schilder an den Stadtgrenzen mit der Aufschrift »Wegen Überfüllung geschlossen!« wird es nicht geben, stattdessen müssen mehrere Pedale bedient werden. Darunter ist nach wie vor das Gaspedal, sprich klassische und digitale Marketingmaßnahmen. Aber auch Nachhaltigkeit spielt eine Rolle, um die Lebens- und Erlebnisqualität Luzerns und der Region zu erhalten. Auch hier gibt es schöne Erfolge, z.B. mit der Inszenierung von attraktiven Events, wie dem »Lilu«, dem Lichterfestival Luzern. Ein verdienter Lohn dieser Mühen ist, so der Luzerner Tourismusdirektor Marcel Perren, dass die hohe Gästezufriedenheit 2018 nochmals gesteigert werden konnte.

Um beim Bild mit den einzelnen Pedalen zu bleiben: Dazu braucht es mehrere Akteure, und so sieht der leitende Touristiker hier Handlungsspielraum und spricht damit eine Notwendigkeit an, wie sie bei vielen touristischen Zielen auf der Tagesordnung steht.

Im Geschäftsbericht 2018 formuliert er: »Ich wünsche mir, dass die Kooperationsmodelle weiterentwickelt werden können und dass es uns gelingt, uns noch stärker auf die qualitative Ausrichtung zu fokussieren.«

www.luzern.com

Catherine – Kritische Innenansichten (I)

Zwischen Norwegen, der Schweiz, Bolivien und Deutschland

Meine Gespräche rund um die Schokolade, um den Verkehr, um Uhren, um die Zukunft der Zeitung, um die regionalen Besonderheiten haben in der Regel zwischen zwei Stunden und, wie im Bergell oder am Gotthard, zwei Tagen gedauert. Es waren gute Gespräche, das anfängliche Misstrauen, wenn es denn überhaupt da war, war rasch verschwunden, und so gab es zum Schluss in der Käsefabrik oder in der Messerschmiede einen herzlichen Händedruck und seitens der Interviewten das Kompliment, dass ich bei allen Begegnungen zurückgeben konnte: »Das hat Spaß gemacht!«

Die Mehrheit der über fünfzig Gesprächspartnerinnen und -partner, die ich auf meiner Entdeckungsreise durch das Schweizer Haus kennengelernt habe, werde ich wahrscheinlich nicht wiedersehen. Das ist schade, aber selbst wenn wir alle wollten, es wäre praktisch schwer zu realisieren, es sei denn, der oder die eine oder andere will sich wirklich einmal Mecklenburg-Vorpommern ansehen. In dem Fall würde ich alles stehen und liegen lassen und stände bereit. Zum Beispiel für eine Bergtour auf die höchste Erhebung Mecklenburg-Vorpommerns, auf die Helpter Berge mit knapp hundertachtzig Metern. Oder, was sich natürlich von den Schweizer Gegebenheiten deutlicher unterscheiden würde, eine lange Strandwanderung von Ahrenshoop zum Darßer Ort.

Bei den Gesprächspartnern im Schweizer Haus gab es vier, bei denen ich vorher keine Mail zu schicken, sondern nur anzuklopfen brauchte, weil wir uns schon lange kennen und seit vielen Jahren über schweizer und deutsche Verhältnisse reden. Und sie waren schon alle in Mecklenburg-Vorpommern!

Das sind Franz, wir kennen uns seit 1990, also am längsten, und die Bildungsexpertin Silvia. Dazu gehören Fritz und Ingrid, die ich im 24. Kapitel treffe, und schließlich Catherine, die mir ähnlich lange vertraut ist wie Franz.

Sie ist eine groß gewachsene, schlanke Frau mit hellblauen, sehr freundlichen und neugierigen Augen, Mutter von zwei Töchtern und einem Sohn. Auch wenn sie inzwischen zweifache Großmutter ist, bleibt sie ungebrochen temperamentvoll, kritisch und offen – auch und vor allem in unserem über weite Strecken »ungeschnittenen« und sehr offenen Gespräch über die Schweiz, die Schweizerinnen und Schweizer, über ihr Verhältnis zu den Deutschen und nicht zuletzt über die Südamerikaner. Der Vorteil von dreiundzwanzig Jahren Freundschaft …

Drei erstaunliche Entscheidungen

Catherine stammt aus einer gutbürgerlichen Familie.

»Mein Vater war von Beruf Ingenieur, bald einmal Personalchef in einem mittelgroßen Textilbetrieb, den mein Großvater zusammen mit zwei anderen Männern gegründet hatte. Meine Mutter war zehn Jahre jünger als er, sie war Norwegerin.

Ich habe drei Geschwister, alle älter als ich, zwei Brüder (der jüngere von ihnen war behindert, ist vor ein paar Jahren gestorben), eine Schwester. Mein älterer Bruder wie auch meine Schwester waren Ärzte, sie sind seit einiger Zeit Rentner (wie ich seit Kurzem auch). Ich habe eine gute Beziehung zu beiden. Ich besuchte das Gymnasium mit Abitur-Abschluss, danach absolvierte ich eine Physiotherapie- Fachschulausbildung. Als auch das dritte und letzte meiner Kinder zur Schule ging, habe ich ein Psychologiestudium begonnen und mit dem Lizentiat beendet. Ich habe es als großes Privileg empfunden, mit Mitte dreißig nochmals eine Ausbildung machen zu können.«

Es gab eine zweite späte und erstaunliche Entscheidung. Mit Anfang fünfzig ist Catherine nach Südamerika, nach Bolivien, gegangen und hat hier zehn Jahre für wenig Geld als freiwillige Mitarbeiterin in sozial-psychologischen Einrichtungen vor allem mit Frauen und Müttern gearbeitet.

Außergewöhnlich ist schließlich, dass sie heute, ebenfalls ehrenamtlich, Sprachunterricht für Asylbewerber gibt und ihnen darüber hinaus sehr engagiert hilft, in der Schweiz eine neue Perspektive zu finden. Sie ist jedes Mal erschüttert, wenn sie von den oft bitteren Schicksalen erfährt, und wütend, wenn sich Behörden querstellen oder zu wenig tun.

Catherine Goumeons

Auf der »Habenseite« der Schweiz

»Mein Verhältnis zur Schweiz ist gespalten. Es ist mir zunächst bewusst, dass es ein Privileg ist, in einem Land geboren zu sein und leben zu können, wo eine recht große soziale Sicherheit herrscht, es viele Ausbildungsmöglichkeiten und wenig Arbeitslosigkeit gibt, ein gutes Gesundheitssystem jedem zur Verfügung steht und man ein recht hohes Maß an Freiheit genießt (unter der Bedingung, dass man SchweizerIn ist). Positiv empfinde ich die basisdemokratischen Strukturen, die jedem Schweizer Bürger recht viel politische Mitbestimmung ermöglichen, obwohl gerade diese Strukturen sich hie und da auch als negativ, entwicklungshemmend erweisen und notwendige Prozesse manchmal unheimlich verzögern können.

Unser basisorientiertes politisches System finde ich sinnvoll und würde es beibehalten. Was ich nicht mehr als zeitgemäß erachte, ist das ›Ständemehr‹, das würde ich sofort abschaffen.

Die Autonomie der einzelnen Kantone würde ich einschränken, das föderalistische System ist sinnvoll, geht aber zu weit. Was ich auch gut finde hier, ist die Ökumene, d. h., dass die verschiedenen religiösen Denominationen zusammenarbeiten und gemeinsame Wege suchen, anstatt miteinander zu konkurrieren, Rom und Hardlinern auf der evangelischen Seite zum Trotz.«

Auch zu den internationalen Entwicklungen hat Catherine klare Positionen: Die Schweiz sollte sich der EU gegenüber mehr öffnen. Sie ist wahrscheinlich mehr von Europa abhängig als umgekehrt. Man kann nicht immer nur profitieren und sich ansonsten nicht solidarisch verhalten (v. a. finanziell). Andererseits muss auch gesehen werden, dass die Schweiz, dank ihrer Unabhängigkeit und ihrer etwas vorsichtigeren Finanzpolitik, weniger von der Krise betroffen ist als die umliegenden Länder. Auch in Bezug auf Umweltschutz hat die Schweiz wahrscheinlich mehr getan als viele andere Nationen.

Probleme mit der Geschichtsschreibung und der Asylpolitik

Catherine setzt auf die andere Seite der Schweizer Waage ein ganzes Paket von kritischen Anmerkungen, die sie energisch einbringt: Es sind zunächst ihre Probleme mit der Geschichtsschreibung. Die Schweizer – oder jedenfalls die jeweiligen Parlamentsmitglieder – haben mehrheitlich eine Tendenz, hässliche Dinge schönzureden und zu vertuschen. Wer es wagt, eine unangenehme Wahrheit zu sagen, wird sogleich als Nestbeschmutzer bezeichnet. »Wenigstens werden heutzutage die Leute nicht mehr (verbal) nach Sibirien geschickt wie während der Zeit des Kalten Krieges.«

Besonders beschämend empfindet sie die Tatsache, dass bis heute die Schweiz nicht fähig ist, vollumfänglich zuzugeben, was auch hier in den dunklen 1930er- und 1940er-Jahren an Schikanen und Gemeinheiten vielen Menschen angetan wurde. Vielmehr sucht man, die humanitäre Hilfe des Schweizer Volkes, die es eben auch gegeben hat, in den Vordergrund zu stellen.

»Die Asylpolitik wird ein weiterer Schandfleck in der Geschichte der Schweiz sein, ist es schon jetzt. Das Asylgesetz ist ein einziges Flickwerk mit immer neuen Verschärfungen, die teilweise völkerrechtswidrig sind. Den Migrantinnen und Migranten wird in gewissen Kantonen das Leben schwer gemacht (um ihnen die Schweiz ›unattraktiv‹ erscheinen zu lassen). Schlimm ist, dass die einzelnen Kantone in vielen Bereichen tun können, was ihnen passt. Es herrscht auf diesem kleinen Flecken Erde keine einheitliche und oft schon gar keine faire Politik gegenüber Migrantinnen und Migranten. Blocher war und ist ein Demagoge und die SVP eine rechtsnationale, populistische, fremdenfeindliche Partei mit faschistoiden Tendenzen; ein weiterer Grund, sich für die Schweiz zu schämen.«

Und wie sieht es mit dem Stolz aus? »Ich bin auf nichts stolz, was ich nicht selber erreicht habe, deshalb auch auf keine Personen. Ich bin aber froh, dass es Schweizer gegeben hat wie den IKRK-Gründer Henri Dunant, den Grenzwächter Paul Grüninger, der viele jüdische Flüchtlinge trotz Verbot die schweizerische Grenze passieren ließ und dafür vom Staat bis über seinen Tod hinaus mit Ächtung bestraft wurde. Und in neuerer Zeit auf Niklaus Meienberg und Jürg Frischknecht, zwei investigative Journalisten und Autoren, die trotz aller Anfeindungen nie müde wurden, die dunklen Seiten der Schweiz im Zweiten Weltkrieg und in der Nachkriegszeit aufzudecken.« Gut sei, so Catherine, dass solche Praktiken wie die absolut undemokratische Fichenaffäre – es gab bis Ende der 1980er-Jahre neunhunderttausend Fichen (Registerkarten) von schweizer Bürgern und Organisationen – aufgedeckt wurden.

Typisch oder klischeehaft?

Was ist typisch für die Schweiz?

»Ich sehe mich nicht als typische Schweizerin, auch, weil meine Mutter Norwegerin war und ich viel von ihrer größeren Liberalität gewissen Dingen gegenüber und ihr Selbstbewusstsein als Frau mitbekommen habe. Mein Vater, ein überzeugter Schweizer, war indes sehr offen gegenüber anderen Völkern und Kulturen, anderen Religionen und auch anderen Ansichten und Denkweisen, da haben wir Kinder viel davon gelernt, es hat unser Leben geprägt.

Unterschiede zu Anfang der 1990er-Jahre sehe ich viele, vielleicht auch etwas überzeichnet, da ich die Entwicklung der Schweiz zwischen 1998 und 2008 wegen meines zehnjährigen Aufenthalts in Bolivien nur am Rande mitbekommen habe. Als ich zurückkam, war ich entsetzt, was sich alles verändert hatte; das Land ist noch neoliberaler geworden, vieles von dem, was zuvor staatlich organisiert war, wurde privatisiert, Arbeitszeiten ›flexibilisiert‹, Asylgesetze verschärft.

Positiv empfand ich, dass auch Gesetze zum Schutz der Umwelt strenger wurden, der Atomausstieg diskutiert und beschlossen wurde.«

Klischees haben ja ihren Ursprung oft in etwas Wahrem, sind einfach überzeichnet und generalisierend. Catherine gibt zu, dass sie leider zum Teil auch fixe Vorstellungen über gewisse Länder habe, vor allem über solche, die sie gar nicht kenne.

»Ich kann mit Vorurteilen gegenüber der Schweiz leben. Mich nervt ein wenig, wenn man die Schweiz allein mit Uhren oder Käse in Verbindung bringt oder ›Suiza‹ (Schweiz) beständig mit ›Suecia‹ (Schweden) verwechselt, wie das in Lateinamerika häufig vorkommt. Mich nervt auch, wenn man Pauschalurteile abgibt (›DIE Schweizer sind so und so …‹), wenn kritisiert wird, ohne jegliche Kenntnisse über das Land, oder wenn man, was auch vorkommt, die Schweiz überschwänglich lobt, ohne sie zu kennen.

Catherine plädiert für ein genaues Hinsehen. Zum Beispiel bei der Einschätzung der Schweiz als modern oder konservativ. Modern? »Vielleicht in Bezug auf Technologie. Ansonsten empfinde ich die Schweiz, besonders die Landkantone, als konservativ und kleinbürgerlich. Man steht allem Neuen erst mal misstrauisch gegenüber – halt auch nicht immer zu Unrecht. Das Frauenstimmrecht kam sehr spät, auf einen Mutterschaftsurlaub, der diesen Namen verdient – von einem halben Jahr (hier sind es nur drei bis vier Monate) –, warten wir noch immer.«

Besser wäre indessen ein »Elternschaftsurlaub«, wo die Eltern selbst entscheiden können, wer von ihnen wie viel zu Hause beim Baby bleibt, wie es z. B. in Norwegen möglich ist. Und noch ein kritischer Punkt: Lohngleichheit zwischen Mann und Frau ist noch immer nicht erreicht.

Die Schweiz, Bolivien und Deutschland

Zu den positiven Seiten der Schweizer zählt Catherine die Zuverlässigkeit. Abmachungen werden eingehalten, bei Unvorhergesehenem bekommt man eine Mail oder einen Anruf mit vorgeschlagenem Verschiebedatum. Die Leute hier in der Schweiz sind in der Regel etwas distanziert, leider manchmal etwas zu sehr, aber man wird hier nicht überfahren.

»Es ist eine Eigenschaft, die ich erst in Lateinamerika zu schätzen gelernt habe; dort sind die Leute meist sehr spontan, was sehr schön sein kann. Das wird einem manchmal auch zu viel, sodass man seinen psychischen Eigenraum, das Bedürfnis, z. B. hie und da mal allein sein zu dürfen, oft verteidigen muss, was dann missverstanden werden kann.«

Wenn man sich in der Schweiz eine Zeit lang kennt und sich mag, dann hat man dafür Freundschaften, die ein Leben lang andauern, eine Eigenschaft, die Catherine sehr wertvoll findet.

»Was mir andererseits nicht gefällt, ist, dass viele Leute zu pingelig sind, wenig Toleranz haben gegenüber anderen. Kommt man zwei Minuten zu spät zu einer Veranstaltung, wird man schon böse angeschaut. Kommt der Zug nicht ganz fahrplanmäßig, wird schon gemeckert. Die Schweizer sind Meister im Planen und darin, die Dinge auch planmäßig durchzuführen, aber oh weh, wenn mal was Unvorhergesehenes passiert und der Plan nicht eingehalten werden kann. Dann stehen Schweizer oft wie der Esel am Berg.«

In Bolivien war es genau umgekehrt, meint Catherine. Planen konnten die auch, aber in der Durchführung klappte es in fünfzig Prozent der Fälle nicht. Irgendwer konnte, meist aus triftigen Gründen, nicht kommen, irgendeine wichtige Straße war plötzlich blockiert, Materialien kamen nicht wie versprochen, der am Vortag getestete Beamer ging nicht, es gab Stromausfall, was auch immer. Unvorhergesehenes war fast an der Tagesordnung. Dafür waren sie Meister im Improvisieren, es kam oft was anderes heraus als geplant, war aber oft gar nicht unbedingt schlechter. Auch im Blick auf diese »andere Kultur« plädiert die Südamerika-Kennerin für Toleranz und den oft notwendigen zweiten Blick.

Das genaue Hinsehen spiegelt sich auch bei Catherines Sicht auf den nördlichen Nachbarn wider:

»Ich habe Deutschland gerne. Da unsere Familie seit 1951 regelmäßig jedes Jahr mit dem Auto nach Norwegen in den Sommerurlaub fuhr und mein Vater nicht immer dieselbe Strecke sehen mochte und gemütliches Reisen einem ›Schnellspurt‹ vorzog, habe ich viele verschiedene Regionen Westdeutschlands auf der Durchreise kennengelernt. Die große Mehrheit der Schweizer weiß gar nicht, wie viele schöne Landschaften, wie viele hübsche Städtchen und Dörfchen zu finden sind, wie viel das Land an Sehenswürdigkeiten zu bieten hat. Viele Schweizer sind eh der

Meinung, dass ihr Land das schönste sei, zumindest in Europa, und wenn in den Urlaub, dann in die Berge oder in den Süden. Mittlerweile ist der Süden nicht mehr nur Spanien und Italien, sondern auch Asien, Afrika, Lateinamerika.«

Die berufliche Präsenz der Deutschen in der Schweiz findet Catherine in Ordnung, die Schweizer können ja jetzt dafür auch leichter in einem EU-Land arbeiten gehen.

»Ich finde es wichtig, vor allem auch für junge Leute hüben und drüben, dass sie mal eine etwas andere Realität kennenlernen, gerade auch arbeitshalber. Und die Deutschen sind sehr tüchtige Leute, ich glaube, da kann durch den gegenseitigen Austausch viel profitiert werden. Sprachprobleme gibt's kaum. (Schließlich lernen in der Deutschschweiz alle die sogenannte Schriftsprache, das Hochdeutsch mit einigen Helvetismen.) Soll niemand so blöd tun und von den Deutschen verlangen, Schweizerdeutsch zu lernen. Verstehen ist wichtig, das kommt eh von selbst nach wenigen Monaten, aber es zu sprechen, ist nicht notwendig.«

■ PS: Lichtblicke, aber noch keine helle Perspektive

Catherine hat inzwischen den Wohnort gewechselt. Sie wohnt jetzt in Kleinbasel unweit des Rheins.

Seit unserem letzten längeren Gespräch haben wir uns immer wieder getroffen, z.B. wenn sie von ihren Südamerikareisen in die Schweiz zurückkam oder bei Treffen mit ihrer Familie.

Im Frühjahr 2019 haben wir uns Zeit genommen, um über die Erfahrungen zu sprechen, die sie bei ihrer nun mehr als zehn Jahre währenden ehrenamtlichen Arbeit für Migranten in der Sprachausbildung und ihrer Unterstützung beim »Fußfassen« im Schweizer Leben gesammelt hat.

Zuerst ihre gute Nachricht: Es ist doch einiges besser geworden. Der Kanton Aargau bietet mehr und bessere Sprachkurse an, auch für Asylsuchende, die noch keinen definitiven Aufenthaltsbescheid haben. Der Bund gibt mehr Geld aus, um den Kantonen die Möglichkeit zu geben, vermehrt Sprachkurse durchzuführen und -tests zu machen. Auch Kurse in Mathematik und in Fächern des Allgemeinwissens werden angeboten, besonders für junge Flüchtlinge, damit sie bessere Chancen auf dem Arbeitsmarkt haben.

Schlechte oder keine Bedingungen für das Lernen

Kritisch merkt Catherine aus eigener Erfahrung an, dass die räumlichen Bedingungen für effektives Lernen in Aufenthaltsräumen »voller Leben« schwierig sind: »Das ist vielen Gemeinden egal. Seit mehr als einem Jahr habe ich in der Gemeinde Möhlin mehrmals um so einen stillen Raum gebeten. Es könnte ja irgendwo in einem Gebäude der Gemeinde sein, muss kein Luxusgebäude sein. Immer heißt es: ›Ja, Sie haben recht, wir werden schauen, was wir machen können …‹ Und danach passiert nichts.«

Diese Art des »Abspeisens« sei eigentlich ziemlich unschweizerisch, meint Catherine, aber MigrantInnen hätten keine Lobby, da könne man sich fast alles erlauben, und eben auch nichts tun.

Selbst das Argument, dass alle Fördermaßnahmen für die Katz und damit weggeworfenes Steuergeld seien, wenn kein entsprechendes Umfeld zum Lernen geboten werde, wird nicht ernst genommen, jedenfalls an vielen Orten im Kanton Aargau und wohl auch in anderen Kantonen. Es gibt mehrere schwarze Schafe …

Aus freiwilligen HelferInnen wurden MentorInnen

Persönlich freut Catherine, dass ehrenamtliches Engagement vermehrt anerkannt werde. Offensichtlich haben selbst staatliche Organisationen bemerkt, dass eine Integration von Flüchtlingen effizienter und schneller erfolgt, wenn engagierte Leute aus der Zivilbevölkerung mithelfen.

»So wurde ich als ›Freiwillige‹ vor einigen Monaten zu einem vom Kanton Aargau organisierten Fachausschusstreffen eingeladen. Daran nahmen die offiziellen kantonalen Betreuer teil, die von Staatsseite für die Integration von Flüchtlingen verantwortlich sind, außerdem Mitarbeiter eines privaten Betreuungs-Service, an die verschiedene Gemeinden die Betreuungsarbeit für die MigrantInnen übertragen haben, und eben die freiwilligen Betreuer. Diese Treffen sollen zwecks besserer Koordination der verschiedenen Betreuungsaufgaben zwei- bis dreimal jährlich stattfinden.«

MentorInnen! So werden die Freiwilligen neuerdings genannt.

»Wir haben schon mal einen neuen ›schöneren‹ Namen erhalten«, meint Catherine.

Obwohl die Einladung wahrscheinlich auch eine Form der Anerkennung ist, bleibt Catherine skeptisch.

»Na ja, ob es wirklich positiv ist oder ob nicht einfach festgestellt wurde, dass es im Grunde genommen praktisch ist, wenn unbezahlte Gutmenschen eingespannt werden können für Aufgaben, die eigentlich von einer professionellen Betreuung geleistet werden sollten. Hierzu gehören u.a. die Suche nach einem Praktikumsplatz, die Hilfe bei einer Bewerbung für eine Arbeitsstelle oder für eine Wohnung, Aufgabenhilfe für Jugendliche, die Integrationskurse besuchen, und, und, und …« Dann rudert sie etwas zurück.

»Natürlich wird es weiter engagagierte Freiwillige geben. Diese individuelle Verpflichtung entspringt einem sozialen Bedürfnis, es ist eine Notwendigkeit für die Geflüchteten. Die offiziellen Betreuer haben schlichtweg keine Zeit für die oben genannten Hilfestellungen.«

Und es wird die Freiwilligen auch geben müssen, um z.B. demokratische Kontrollen ausüben zu können, wie mit den MigrantInnnen umgegangen wird. Die Bewohner von Asylzentren haben Zugang zu einer kostenlosen Rechtshilfe, die durch Juristen eines Hilfswerks angeboten wird. Die fünf eingerichteten Bundes-Asylzentren, wo ankommende Flüchtlinge zunächst untergebracht werden, haben den Auftrag, die Asylanträge zügig zu bearbeiten und einen entsprechenden Entscheid zu fällen. Diese Änderung hat den Vorteil, »dass die Verfahren kürzer werden und die Asylsuchenden nicht, wie bisher, jahrelang in der Schweiz weilen, bis sie dann schließlich doch einen negativen Bescheid erhalten und ausreisen müssen, aber sehr oft untertauchen und ›illegal‹ in der Schweiz bleiben.« Ob allerdings mit den verkürzten Verfahren trotzdem faire und fundierte Asylentscheide garantiert bleiben, muss sich erst zeigen.

Zu den jüngeren Kapiteln der Eidgenossenschaft gehört, wenn man so will, die »dialektische Auseinandersetzung« zwischen Bundes- und Kantonsstellen sowie den Freiwilligen bzw. Mentoren über den Umgang mit Migranten. Catherine würde darüber sicher ein Buch schreiben oder zumindest das eine oder andere Kapitel kommentieren können. Schließlich bringt sie ein Jahrzehnt praktische Erfahrungen mit …

www.swissinfo.ch

Ingrid und Fritz – Kritische Innenansichten (II)

Die künstlerische und politische Seite eines Mediziners

Im Herbst 2013 gab es eine Ausstellung in der »Kronen Galerie« in Zürich. Zwei Maler bzw. Grafiker und ein Bildhauer. Die Holzskulpturen stammten von Christoph F. Minder aus Muri bei Bern. Es war nicht seine erste Ausstellung. Und doch sei es jedes Mal spannend, sagt der Mitsiebziger, wie die Ausstellung angenommen werde, was das Publikum sage, wie das Echo des Galeristen sei oder wie viele Skulpturen verkauft würden.

Eine Ausstellung ist vergleichbar mit einer Publikation. Es ist der Abschluss der Auseinandersetzung mit dem Stoff, egal ob wissenschaftlich oder literarisch. »In meinem Fall sind es Holz und Stein.«

Fritz gibt seit einiger Zeit seinen Werken keine Namen, sondern will den Assoziationen des Betrachters und seiner Fantasie freien Raum bieten.

Fritz ist Mediziner und hat bis zu seiner Pensionierung in Bern als Kardiologe und Spezialist für Innere Medizin gearbeitet. Nun ist es keine Seltenheit, dass sich Ärzte neben den medizinischen Herausforderungen auch den schönen Künsten widmen. Als Ausgleich, aus Freude an der Kreativität oder auch einfach als Fortsetzung der im Elternhaus üblichen Sitten und Bräuche, wie z. B. des Musizierens. »Ja«, so Fritz, »auch ich habe lange Zeit Klavier und Cello geübt und gespielt.«

Bis heute gehört im Arzthaus Minder – Ingrid war Fachärztin für Psychiatrie und Psychotherapie – das Musizieren zum »guten Ton«.

Sohn Mathias, Anfang vierzig und Vater zweier Töchter, die jeden Donnerstag nach der Schule von den Großeltern betreut werden, ist Instrumentenbauer und Klavierstimmer. »Ich stimme in der Regel zweimal im Jahr, im Frühjahr und im Herbst, auch in meinem Elternhaus.«

Seine Mutter Ingrid freut's, denn sie spielt oft und gern, sowohl in Vorbereitung auf Musikabende in der Gemeinde, in der sie auch anderweitig sehr engagiert ist, als auch privat in einem Quartett.

Erfüllung in der Bildhauerei oder der »Künstlerische Fritz«

»Meine Nische, die ich gefunden habe, ist die Bildhauerei«, so Fritz. Die »Initialzündung« kam bei einer Wanderung im Nationalpark mit seiner Familie vor dreißig Jahren, mit seiner Frau Ingrid, ihrer gemeinsamen Tochter und ihren beiden Söhnen. Fritz fand einen Stein, der ihn an einen Torso erinnerte. Seine Assoziationen kamen und kommen allerdings nicht aus »heiterem Himmel« bzw. voraussetzungslos. Sein Interesse an der kreativen Widerspiegelung des Lebens durch die Kunst war schon früh da.

Das »trieb« ihn auch neben seinen medizinischen Neigungen und Verpflichtungen zu Besuchen und Studien an der Kunstgewerbeschule in Bern oder der »Scuola di Scultura di Peccia« im Tessin.

Immer wieder studiert er fasziniert die Bildhauerkunst im alten Ägypten, von Hans Arp, Alberto Giacometti, Henry Moore oder von Konstantin Brâncuşi. Nicht, um sie zu kopieren, sondern um Impulse für das eigene Tun zu bekommen und letztlich einen eigenen Stil, eine eigene Handschrift zu entwickeln.

In seinem Werkverzeichnis finden sich heute etwa hundertzwanzig Skulpturen aus Stein und noch einmal fünfzig aus Holz. Einige davon stehen im Garten und im Haus, darunter auch große und wuchtige, die Fritz, im Falle von Holz, mit der Kettensäge bearbeitet. Aber es gibt auch das stille und langwierige Schleifen des Materials. Ingrid: »Ich hab das mal probiert. Das ist nichts für mich. Respekt vor Fritz' Ausdauer und Zielstrebigkeit.«

Fritz »versinkt« bei der Arbeit am Stein oder am Holz, und die dialektischen Eingebungen erfüllen ihn mit Freude und Schaffenskraft. Er nennt das Beispiel, wo er das Thema »Nacht« an einem Stein darstellen wollte. Die Beschaffenheit und funkelnde, blauschwarze Farbe des Labradorit-Granits erinnerten ihn an einen Mantel, vielleicht sogar an einen Königsmantel. Bei der Annäherung an den Stein eröffnete sich für Fritz zunächst das Schützende, das Ruhige der Nacht. Aber irgendwann erschien in Form einer Faust unter dem Mantel auch die symbolisierte Gefahr der Nacht.

Fritz

Der politische Fritz

Fritz ist ein vielseitig interessierter und engagierter Schweizer. Er lebt, wie man vielleicht aus dem »Bildhauertext« herauslesen könnte, nicht zurückgezogen, sondern steht mitten im Schweizer Leben.

Jede seiner Seiten würde weitere Texte zulassen. So die des Natur liebenden und des sportlichen Menschen. Oder auch die des »historischen Fritz«, oft gepaart mit philosophischen Kenntnissen und Einsichten.

Gerade das Historische, die außerordentlich gute Kenntnis der Schweizer Geschichte und die Bewertung historischer und gegenwärtiger Persönlichkeiten muss leider einem späteren Text ebenso vorbehalten bleiben wie seine Berichte über die Reisen, zum Beispiel nach Indien, Nepal und Tibet.

Fritz: »Fest vorgenommen hab ich mir, die Geschichte aufzuschreiben, als mein Schweizer Begleiter und ich in Jaipur, Rajasthan, bei einer nächtlichen Heimfahrt die Rollen tauschten, indem sich die Rikschafahrer in den Fonds setzten und wir Jungen dann ein Rennen fuhren. Dieses Ereignis ist der Ursprung einer lebenslangen Freundschaft mit einem Inder, der mit seinem Fahrrad nebenher gefahren kam und mich für ein Gespräch über Gott und die Welt begeistern konnte.«

Für meine Entdeckungsreise durch die sonderbare Schweiz sind nicht nur eigene Anschauungen und Erkundungen notwendig, sondern auch die »Innenansichten«, also die Meinung eines Schweizers zu Fragen, die am Wegesrand immer wieder auftauchen: Wie ist die Schweiz, wie sind die Schweizer, wie ist ihr Verhältnis zu ihren nördlichen Nachbarn, zu den Deutschen? Also, wir konzentrieren uns im Folgenden auf den »politischen Fritz«, der zudem sehr (selbst-)kritisch daherkommt.

Um es vorwegzunehmen: Er gehört nicht zu den »Politikern«, die ihre »außerparlamentarische Arbeit« an den Stammtischen schwatzend absitzen. Fritz hat sich selbst aktiv politisch eingebracht, so in den 1980er-Jahren im Gemeinderat und im Kirchgemeinderat. Seit 2009 engagiert er sich in einer außerparlamentarischen Gruppe, die sich erfolgreich für den Schutz des Ortsbildes, für den Landschaftsschutz und für vernünftige Verkehrslösungen einsetzt.

Auch für Fritz sind wesentliche Pluspunkte der Schweiz die föderalistisch und offen gelebte Demokratie, die Achtung der Minderheiten, die Pflege der Sprachen und der Dialekte, der Traditionen und Bräuche, der Erhalt historischer Gebäude und Orte. Auf der Negativseite bei der Charakterisierung von Landsleuten kommen Attribute, die nicht sehr schmeichelhaft sind: oft kleinkariert, engstirnig, stur, der Tradition verhaftet, verkrampft, oft starr auf »Neutralität« und »Unabhängigkeit« fixiert.

Wie ist das mit den »Fremden«, also den Ausländern, die bleiben wollen oder die schon lange hier leben?

»Wir brauchen sie dringend, um weiter auf hohem Niveau existieren und konkurrieren zu können, insbesondere auch die Akademiker, die zunehmend ins Land kommen. Nach wie vor gibt es im Land keinen weit verbreiteten Hass gegenüber Fremden, wohl aber Misstrauen, es sei denn, sie bringen ›schweres Geld‹.«

Wie sind die Schweizerinnen und Schweizer? Es gibt nicht einfach die Schweizer, sondern man muss in Charakter und Lebensart unterscheiden. Die Welschen und die Tessiner stehen Fritz zum Beispiel näher als die Deutschschweizer.

»Natürlich gibt es auch hier ›solche und solche‹, im Verhältnis allerdings sind diese viel weniger ›verknorzt und verklemmt‹. Es gibt unter ihnen jedoch mehr begeisterungsfähige, mutige, risikofreudigere und weniger auf Sicherheit ausgerichtete Bürger. Hingegen gilt auch dort sehr oft: Bloß keine Abenteuer!«

Sohn Mathias, neben seinem Beruf auch ein begeisterter Saxofonspieler, ergänzt diesen Eindruck über die nicht selten anzutreffende Zurückhaltung: »Selbst in Bern regiert oft das Mittelmaß, es gibt die Kultivierung des Durchschnitts. Zu wenige wagen es, mal den Kopf rauszustecken oder sich im positiven Sinne hervorzutun oder vorzupreschen. Das drückt auf das Selbstbewusstsein und führt bisweilen auch dazu, dass die wirklich Guten und Mutigen irgendwann gehen.«

»In zwischenmenschlichen Beziehungen«, so Fritz weiter, »sind die Schweizer auf allen Ebenen – in der Familie oder im Beruf, in der Freizeit oder in der Fremde – oft gehemmt, scheu und ängstlich, dass man sich zu stark öffnen und verwundbar werden könnte. Ungeachtet dessen schwingt der Blick auf Vorteile, ob finanzieller Natur oder im Beziehungsnetz, oft mit.«

Oha. Die ausgesprochen sympathische Art der Schweizerinnen und Schweizer, sich zurückzuhalten, bescheiden und nicht »vorlaut« zu sein, hat auch eine Kehrseite, die offensichtlich mitunter »entwicklungshemmend« wirkt. Sonderbar.

»Die Deutschen sind uns solo am liebsten«

Die Deutschen, so der Eindruck in der Schweiz, seien da anders. Das sei auch ein Grund dafür, dass sie nicht so richtig geliebt würden.

Fritz: »Für mich sind die Deutschen oft forsch und bestimmend, auch im Ausland. Sie wissen, wo's lang geht und wie man's macht: Einzeln können sie sehr nett sein, aber schon zu zweit sind sie eine Armee, wie man bei uns sagt.«

Aber, schränkt Fritz ein und warnt gleichzeitig vor Klischees, es komme auch auf die Regionen an, die man stärker bei den Unterschieden in Betracht ziehen solle. Die Bayern und die Schleswig-Holsteiner unterschieden sich doch auch sehr.

»Die Deutschen sind vielleicht, mit Ausnahme der Norddeutschen, emotionaler als die Schweizer. Man kommt viel leichter an sie heran. Sie sind viel offener, direkter und auch lustiger, was die Schweizer fast nie sind. Vielleicht sind die Deutschen macht- und geschichtsbewusster als große Nation. Bei uns ist alles klein, immer mit gewissen Minderwertigkeitsgefühlen behaftet.«

Und es kommen auch hier die Vergleiche:

»Die Deutschen sind viel spontaner als wir. Wir wägen alles ab und hegen Zweifel. Bei uns sind spontane Besuche unter Freunden und Bekannte nicht üblich, und man hat immer das Gefühl, man störe oder werde gestört. Das gefällt mir bei den Deutschen, man kommt sofort ins Gespräch mit Fremden. Bei uns schaut man lieber weg.«

Aber:

»Die vielen Deutschen in der Schweiz stören mich schon ein wenig, sie verdrängen mit ihrer Art unser Selbstwertgefühl, das ohnehin schon schwach ausgeprägt ist. Auch wirken sie auf mich oft unsensibel, im persönlichen Kontakt fallen diese Vorurteile dann allerdings oft weg.«

Respekt vor der Schweizer Bescheidenheit und dem Selbstzweifel, die aber, wie in diesem Buch in dem einen oder anderen Kapitel nachzulesen ist, zu oft falsch am Platz ist.

Und in Anbetracht der mitunter außerordentlichen Diskrepanz zwischen der historischen und aktuellen Leistung der Eidgenossen und ihrem Selbstbild und ihrem Selbstbewusstsein möchte man wirklich laut rufen: »Ach du liebe Schweiz!« Oder: »Ach ihr lieben Schweizerinnen und Schweizer, was plagt ihr euch denn so sehr!«

■ PS: »Fühl dich wie zu Hause!«

»Willkommen zu Hause!«, begrüßt mich Fritz im September 2019 lachend an der Haustür. Und obwohl Fritz vor sieben Jahren den Deutschen weniger Verklemmtheit als den Schweizern bescheinigte, berührt mich diese offene Gastfreundschaft sehr. Mein Versuch »Ich könnte auch in Thun übernachten …« wird auch von Ingrid nicht akzeptiert: »Du weißt ja, wo du wohnst!«

Ja, in einem Zimmer im ersten Stock, das bei klarem Wetter eine wundervolle Aussicht auf die Berner Alpen bietet. Wenn ich aus meinem Gästezimmer im ersten Stock nach unten schaue, liegt mir Fritz' Leidenschaft zu

Ingrid

Füßen: Es ist ein zweistufiger Garten mit zahlreichen Plastiken aus Stein, Holz, Metall … Die »Dauerausstellung« fließt in die Wohnräume im Parterre weiter, und oftmals entdecke ich bei meinen Besuchen neue Werke.

In einem offenen Nebenraum steht Ingrids Leidenschaft: ein Flügel. Die Coronakrise bietet ausreichend Gelegenheit, ihn wieder öfter zu nutzen.

Rückblickend sagt Ingrid: »Während meiner Praxistätigkeit ging es darum, Beruf und Familie unter einen Hut zu bringen. Für Leidenschaften blieb keine Zeit. Erst vor ca. fünfzehn Jahren trat ich einem Chor bei und fing wieder an, Klavier zu spielen. Heute musiziere ich gelegentlich mit einem Cousin, der Querflöte spielt, und ziemlich regelmäßig mit einem guten Geiger. Das gemeinsame Musizieren, meist Klassik und Romantik, macht Freude.«

Auch Fritz ist ein bemerkenswertes Beispiel dafür, dass ursprüngliche junge Neigungen und Talente kein lebenslanger Traum mit der Überschrift »Ach, ich hätte so gern …« bleiben müssen, sondern er hat es getan!

Eine von Fritz' Arbeiten: Eiche pigmentiert

Und er sagt auch diesmal: »Ich war sehr gern Arzt, auch wenn die Bürokratie zuletzt immer ›dicker‹ wurde.«

Im Alter von zweiundsechzig Jahren hat Fritz seine Praxis übergeben. Das ist jetzt über zwei Jahrzehnte her. Seitdem genießt er seine kreative Kunstproduktion, die weit mehr als ein Hobby ist, in vollen Zügen – inklusive der öffentlichen Anerkennung bei Ausstellungen.

Themenausschnitte aus einer abendlichen politischen Diskussion

Was ist anders als zu Hause? Logisch, die Themen oder die Art und Weise, wie darüber gesprochen wird. Ich bin in der Runde der Fragesteller bzw. der Nachfrager. Beim letzten Mal ging es 2013 um die Schweizer selbst, um ihre Vorzüge, aber auch um ihre »Verklemmtheiten« oder Defizite.

Jetzt, im September 2019, geht es um Fragen, die die Schweiz als Gemeinwesen beschäftigen.

Die Minders haben einen wachen, analytischen Blick auf die eidgenössische Entwicklung. Fair und anerkennend, was die Fortschritte anbelangt, aber eben auch kritisch.

Ingrid: »Positiv sehe ich, dass die Schweiz in den letzten zwei Jahren nicht noch mehr nach rechts gerutscht ist und dass Sparen auf dem Buckel der Armen nicht mehrheitsfähig ist. Kritisch sehe ich die zunehmende Individualisierung der Gesellschaft, den Trend zur Entsolidarisierung und eine Entwicklung, bei der die Gemeinschaft weniger wertgeschätzt wird als das Individuelle.«

Auch Fritz nennt zuerst die Fortschritte, z.B. in der Bildung, wo nach vielen Jahren der Diskussion eine Harmonisierung der Lehrpläne zwischen den Kantonen realisiert wurde, sodass Kinder oder Jugendliche bei einem Wechsel von einem Kanton in den anderen nicht ein Jahr verlieren.

»Wichtig ist«, so Fritz, »unser Bildungssystem auf allen Ebenen auf hohem Niveau zu halten, denn die Verlockung für die Schweiz, aufgrund des hohen Lohnniveaus Spezialisten im Ausland zu ›kaufen‹, ist groß ...«

Wenn es um Zahlen und Fakten geht, lässt sich ein PS durchaus auf das ergänzende Maß reduzieren. Bei Meinungen ist das schwierig, und so beschränke ich mich hier auf einige markante Akzente und den Charakter des Gesprächs. Letzterer ist natürlich dadurch geprägt, dass wir bei jedem meiner Besuche auch politisch diskutiert haben. Und nun, im September 2019, entsteht gemeinsam mit Ingrid eine abendliche Diskussionsrunde, in die die persönlichen Erfahrungen aus der Schweiz, aus Norwegen und aus Deutschland, speziell Ostdeutschland, mit einfließen.

Der Vorteil der »Kleinräumigkeit« und die »Faust im Sack«

Ist es, angesichts der offensichtlichen Probleme in der EU, nicht ein Vorteil für die Schweiz, kein Mitglied zu sein?

Nein, beide zeigen sich als Befürworter einer engeren Zusammenarbeit mit der EU und sind für die Unterzeichnung eines Rahmenabkommens. Fritz unterstützt die engere Bindung der Schweiz an Europa aktiv und finanziell in der »Europäischen Bewegung« (EBS). »Vielfach ist unsere Neutralität nur vorgeschoben und teilweise verlogen«, meint er, und auch Ingrid spricht z.B. beim Festhalten am Lohnschutz von »Halsstarrigkeit«.

Wenn man die verschiedenen Bereiche bewertet, müssen jedoch oftmals die Besonderheiten der Schweiz beachtet werden, so z.B. die Vorteile der direkten Demokratie in Kombination mit der »Kleinräumigkeit« des

Landes und mit der Tatsache, dass bei Problemen das Für und Wider oft ewig lang diskutiert wird.

»Aber es ist gut«, so Ingrid, »dass wir dadurch nicht ›die Faust im Sack‹ lassen müssen, dass durch rege Diskussionen Dampf abgelassen wird.« Das Ganze trägt zum sozialen Frieden in der Eidgenossenschaft bei.

Vielleicht funktionieren diese Eigenheiten tatsächlich nur in der kleinräumigen Schweiz? Beide sind weit davon entfernt, die Schweiz als Modell für andere Länder zu empfehlen – die angenehme Schweizer Zurückhaltung.

Der Umgang mit dem Islam und die eigene politische Kultur

»Obwohl«, so Fritz, »wir vieles im Zusammenhang mit den Migranten gut gemacht haben, wird zu wenig getan, um den Umgang mit dem Islam zu normalisieren. Tatsächlich spielt zu viel Furcht davor mit, dass unsere Werte und unser System durch den Islam unterlaufen werden könnten.« Die beiden über Achtzigjährigen sagen: »Wir müssen unsere Werte aktiver und offensiver dagegensetzen!«

Ausgesprochen perfide finden Ingrid und Fritz die Kampagne der SVP vor der letzten Wahl. Auf einem Plakat war ein Apfel (!) mit fünf Würmern in den Farben der diversen demokratischen Parteien der Schweiz zu sehen, darunter der Spruch: »Sollen Linke und Nette die Schweiz zerstören?« Die Folgen waren scharfe Kritik, selbst aus den eigenen Reihen, und wohl auch die Verluste bei den National- und Ständeratswahlen im Herbst 2019.

Unsere spannende Gesprächsrunde hätte es verdient, dass noch weitere Themen ausführlicher vorgestellt werden, so z.B. »die Kopftuchdiskussion« oder »die Rolle von Moscheen«, »die Sicht des Westens auf die Ostdeutschen« oder »die USA und ihre bröselnde Demokratie« und, und, und …

Auch der Vergleich zwischen Norwegen, dem Geburtsland von Ingrids Mutter, und der Schweiz floss in die Diskussion immer wieder ein. Ingrid ist regelmäßig in dem skandinavischen Land bei Verwandten und Freunden, und auch Fritz kennt sich dort gut aus.

Ingrid: »Ich war mir schon als junge Frau bewusst, dass Frauen in Norwegen eine andere Stellung haben als bei uns. Beruf und Familie zu vereinbaren, ist noch heute einfacher als bei uns.«

Das Alter hat den Vorteil, dass man einen weiten Blick auf die Erinnerungen seines Lebens hat. Darunter sind Geschichten, die als eine Art Initialzündung gelten können, so in Fritz' Beziehung zu Indien, wo eine zufällige Begegnung zu einer lebenslangen Freundschaft führte.

2013 hatten wir vereinbart, dass er eine Geschichte aus den frühen 1980er-Jahren aufschreibt ...

Vertauschte Rollen in Indien

»Wie wäre es mit einem Fahrertausch?«, frage ich.

Ich meine, dass Gino und ich nun fahren und die Rikschafahrer hinten aufsitzen sollen. Mein Freund und ich haben den starken Rechtsdrall dieser Räder, ihre Übersetzung und die Kunst des Anrennens schon in Agra ausprobiert.

Die beiden Fahrer zögern, doch dann finden sie meine Idee großartig.

Es klappt. Die Straße ist hier breit und über einige Kilometer schnurgerade. Immer schneller geht's, die Inder überbieten sich in Begeisterungsstürmen, das Rennen ist perfekt. Es geht laut zu, bei uns zu Hause würden sich einige wegen nächtlicher Ruhestörung und Verkehrsgefährdung beschweren, doch hier stört sich kein Mensch an unserer Freude.

Irgendwann bangen die Fahrer aber doch um ihre Fahrzeuge, die sie schließlich nur gemietet haben, und ermahnen uns, unsere Fahrt zu zähmen. Wir sind selbst auch unsicher geworden, da die Rikschas auf den Bodenwellen instabil sind und ihr Rechtsdrall schwer beherrschbar ist.

In diesem Moment nähert sich von rechts ein Radfahrer mit Turban, also ein Sikh. Man sieht nur seine hellen Augen. Er muss unsere Vorstellung lustig gefunden haben und fragt die beiden Fahrer auf den Rücksitzen, wer wohl diese kuriosen Gesellen an den Lenkstangen seien. Dann wechselt er ins Englische, er hat uns gleich als Touristen erkannt, und ist sowohl sehr belustigt als auch brennend an unser Geschichte interessiert. Also schließt er an meiner Seite auf und verwickelt mich in kürzester Zeit in eine angeregte Diskussion über Gott und die Welt.

Diese Konversation wird mir in den Pedalen schnell zu anstrengend. Wir tauschen also unsere Rollen, und auch die beiden Fahrer sind sichtlich erleichtert. Seither pflegen dieser Sikh und ich einen intensiven Kontakt – bis heute.

Auf der Suche nach dem richtigen Klang

Mathias Minder ist ein professioneller Klavierstimmer

Was soll ich werden? Was will ich werden? Die meisten von uns kannten oder kennen diese Fragen. Schon die Spannung zwischen Wollen und Sollen bringt die ersten Widersprüche. Es gibt zig Beispiele, wo die Erwartungshaltung des familiären Umfeldes – oder die eigene – zu einer inneren Unsicherheit führt.

Mache ich, was von mir verlangt wird, oder mache ich, was ich will? Aber was will ich? Etwas Handwerkliches, etwas Soziales, etwas Kulturelles oder Künstlerisches, vielleicht sogar etwas Akademisches, sprich ein Studium? Die Schweiz bietet bekanntlich ein reiches – manche sprechen auch von einem paradiesischen – Bildungsspektrum. Aber selbst im Paradies bleibt einem die Wahl nicht erspart.

Ein Universitätsstudium soll es wohl eher nicht sein, sagte sich Mathias Minder nach seinem Abitur 1993. »Ich bin nicht der theoretische Typ«, schätzt er sich selbst ein. Es müsste schon etwas Praktisches sein.

Mathias Minder 2019

Und mitunter hilft bei der Suche nach der Perspektive eine Pause, auch um zu sehen, wie sich das Leben so anfühlt. Zum Beispiel beim Zeitungsaustragen. Dabei kann man trotzdem weitersuchen. Mathias stieß beim morgendlichen Blick in die druckfrische Zeitung auf eine Anzeige. »Biete Ausbildung zum Klavierbauer!«

Nun gut, Mathias spielt Saxofon, aber es ist auch sonst ungewöhnlich, auf solch eine Anzeige zu reagieren und die Sache ernsthaft anzugehen. Am Anfang sah es dann auch ganz nach einem Misston oder einer Disharmonie aus. Aber es lag nicht am »Klavier« oder an der Tätigkeit, sondern an dem Ausbildungsumfeld.

Eine komplexe und sensible Herausforderung

Nach dem Wechsel des Ausbildungsbetriebes platzte bei ihm mit Mitte zwanzig der Knoten. Mathias hatte gefunden, was er suchte: eine Kombination aus einem feinfühligen Handwerk, das all seine Sinne beansprucht, der Nähe zur Muse und sozialen Kontakten. Es war und ist eine komplex-sensible Herausforderung in Dur – also klar, hell und heiter –, seltener in Moll – also eher trübe, matt und düster.

Die Rede ist oft von einer erfüllenden Profession. Nach zwei Jahrzehnten in seinem Beruf lässt sich diese »Erfüllung« technisch-handwerklich begründen. »Professionalität« und »Perfektionismus« wären hier die Stichworte. Aber der Vater von zwei Töchtern im Teenageralter sieht das inzwischen übergreifender. »Es ist ein Dienst an der Musik. Es ist schön, wenn die Kunden zufrieden sind.«

Vor diesem hör- und sichtbaren Resultat stehen viele Zwischenschritte, deren Bezeichnungen dem Laien natürlich nicht so geläufig sind. So gibt es z.B. die »Revision«, bei der alte Teile, die mitunter zwischen achtzig und hundert Jahre alt sind, ausgetauscht werden.

Die Schweiz ist ein Hausmusikland

Es gibt für Klavierstimmer genug zu tun. Dabei ragen die Vorbereitung und Begleitung der Konzertpianisten und ihrer Instrumente bei Aufführungen heraus. Aber auch der Alltag hat es in sich: Im Jahr führt der Klavierstimmer Minder ca. fünf große und fünfzehn kleine Revisionen durch.

Die kleinen dauern ein bis zwei Wochen, die großen durchaus ein Vierteljahr, inklusive der zwischenzeitlichen Kalkulation, die in einer Expertise fixiert wird, und dem abschließenden Stimmen. Auge und Ohr wirken dabei kooperativ zusammen. Der Satz »Das Sehen bestimmt das Hören« regt zum Nachdenken an und beinhaltet viel Dialektik.

»Die Pflege bzw. Wiederherstellung der Oberfläche eines Instruments ist sehr wichtig, denn ein schön glänzender Flügel klingt ja auch ›schöner‹«, nennt Mathias ein Beispiel und fügt hinzu: »So wie der Pianist oder die Pianistin beim Spielen durch intensive Körpersprache beim Publikum ein intensiveres Hörerlebnis bewirkt, kann der Klavierbauer oder -verkäufer durch das Zeigen der eigenen Leidenschaft und Begeisterung für die Marken und Modelle den Kunden ebenso dafür begeistern.«

Das Suchen und Finden des richtigen Klangs bedeutet natürlich nicht, dass die Branche der Klavierstimmer mit permanenter Harmonie gesegnet ist. Es gibt Billiganbieter, wenn man so will, »Billigstimmer«, bei denen der Preis stimmt, aber nicht das Resultat.

Es ist bekannt, dass das Musizieren für die Persönlichkeitsentwicklung von Kindern und Jugendlichen sehr wichtig ist. Insofern merkt Mathias Minder kritisch an, dass Musikschulen zu wenig finanziert werden und darin auch eine gewisse Unterschätzung auf Gemeindeebene zum Ausdruck kommt, obwohl vor einigen Jahren eine Initiative angenommen wurde, die die Kantone und Gemeinden dazu verpflichtet, einen flächendeckenden Musikunterricht zu garantieren.

Zwei Jahrzehnte nach der Frage »Was will ich werden?« stehen Mathias Minder und seine Familie vor der nächsten große Frage. Soll er sich selbstständig machen, mit all den Chancen und natürlich auch Risiken, die das bietet?

Diesmal war es keine Anzeige, sondern ein Angebot seines jetzigen Chefs und Firmeninhabers, was ihn zu dieser Überlegung geführt hat – und das bedeutet einen deutlichen Vertrauensbeweis und eine hohe Wertschätzung.

Gespräch im Sommer 2019

Über den Autor

Klaus-Dieter Block wurde 1949 in Köthen/Anhalt geboren und lebt mit seiner Familie seit mehr als drei Jahrzehnten in Mecklenburg. Die wissenschaftlichen Stationen des habilitierten Wirtschaftswissenschaftlers und Hochschullehrers waren Leipzig, Berlin, Halle und Neubrandenburg. Seit Mitte der 1990er Jahre arbeitete Block in der Presse- und Öffentlichkeitsarbeit, u.a. bei der »Hanse Sail Rostock«, wo er sich seit 1997 engagierte. Ab 2001 war er lange Jahre Leiter der »Müritz-Akademie« in Waren/Müritz. Als Publizist arbeitet er regelmäßig seit 1997 und hat seitdem rund 200 Essays und Kolumnen veröffentlicht, die z.T. auch in Buchform erschienen sind. Reportagen erschienen u.a. über die USA, Marokko, Dubai und vor allem über die Schweiz, die er seit 1990 regelmäßig bereist.

Bildnachweis

Alle Fotos von Klaus-Dieter Block, außer:
S. 59 – Monika Heid; S. 80 – Chocolats Camille Bloch; S. 83 – CHOCOSUISSE; S. 132 – Ricola; S. 139 – Hotel Eiger

Die Deutsche Nationalbibliothek verzeichnet diese Publikation in der Deutschen Nationalbibliografie; detaillierte bibliografische Daten sind im Internet über http://dnb.d-nb.de abrufbar.

www.steffen-verlag.de, info@steffen-verlag.de

Herstellung: STEFFEN MEDIA | Friedland – Berlin – Usedom
www.steffen-media.de

ISBN 978-3-95799-091-4